CINCO INVESTIMENTOS QUE GARANTEM SEU FUTURO

Marcelo Montandon Jr.

— CINCO — INVESTIMENTOS QUE GARANTEM SEU FUTURO

ALTA BOOKS
E D I T O R A
Rio de Janeiro, 2019

Cinco Investimentos Que Garantem Seu Futuro
Copyright © 2019 da Starlin Alta Editora e Consultoria Eireli. ISBN: 978-85-508-0608-2

Todos os direitos estão reservados e protegidos por Lei. Nenhuma parte deste livro, sem autorização prévia por escrito da editora, poderá ser reproduzida ou transmitida. A violação dos Direitos Autorais é crime estabelecido na Lei nº 9.610/98 e com punição de acordo com o artigo 184 do Código Penal.

A editora não se responsabiliza pelo conteúdo da obra, formulada exclusivamente pelo(s) autor(es).

Marcas Registradas: Todos os termos mencionados e reconhecidos como Marca Registrada e/ou Comercial são de responsabilidade de seus proprietários. A editora informa não estar associada a nenhum produto e/ou fornecedor apresentado no livro.

Impresso no Brasil — 1ª Edição, 2019 — Edição revisada conforme o Acordo Ortográfico da Língua Portuguesa de 2009.

Publique seu livro com a Alta Books. Para mais informações envie um e-mail para autoria@altabooks.com.br

Obra disponível para venda corporativa e/ou personalizada. Para mais informações, fale com projetos@altabooks.com.br

Produção Editorial Editora Alta Books **Gerência Editorial** Anderson Vieira	**Produtor Editorial** Juliana de Oliveira Thiê Alves **Assistente Editorial** Ian Verçosa	**Marketing Editorial** marketing@altabooks.com.br **Editor de Aquisição** José Rugeri j.rugeri@altabooks.com.br	**Vendas Atacado e Varejo** Daniele Fonseca Viviane Paiva comercial@altabooks.com.br	**Ouvidoria** ouvidoria@altabooks.com.br
Equipe Editorial	Adriano Barros Bianca Teodoro Carolinne Oliveira Illysabelle Trajano	Keyciane Botelho Larissa Lima Laryssa Gomes Leandro Lacerda	Livia Carvalho Maria de Lourdes Borges Paulo Gomes	Raquel Porto Thales Silva Thauan Gomes
Revisão Gramatical Jana Araujo Rochelle Lassarot	**Diagramação** Lucia Quaresma	**Capa** Larissa Lima		

Erratas e arquivos de apoio: No site da editora relatamos, com a devida correção, qualquer erro encontrado em nossos livros, bem como disponibilizamos arquivos de apoio se aplicáveis à obra em questão.

Acesse o site www.altabooks.com.br e procure pelo título do livro desejado para ter acesso às erratas, aos arquivos de apoio e/ou a outros conteúdos aplicáveis à obra.

Suporte Técnico: A obra é comercializada na forma em que está, sem direito a suporte técnico ou orientação pessoal/exclusiva ao leitor.

A editora não se responsabiliza pela manutenção, atualização e idioma dos sites referidos pelos autores nesta obra.

Dados Internacionais de Catalogação na Publicação (CIP) de acordo com ISBD

M764c	Montandon Jr., Marcelo
	Cinco investimentos que garantem seu futuro: alcance sua independência financeira e tenha uma aposentadoria tranquila! / Marcelo Montandon Jr.. - Rio de Janeiro : Alta Books, 2019. 192 p. : il. ; 17cm x 24cm.
	Inclui bibliografia e índice. ISBN: 978-85-508-0608-2
	1. Economia. 2. Investimentos. I. Titulo.
2019-915	CDD 330 CDU 33

Elaborado por Vagner Rodolfo da Silva - CRB-8/9410

Rua Viúva Cláudio, 291 — Bairro Industrial do Jacaré
CEP: 20.970-031 — Rio de Janeiro (RJ)
Tels.: (21) 3278-8069 / 3278-8419
www.altabooks.com.br — altabooks@altabooks.com.br
www.facebook.com/altabooks — www.instagram.com/altabooks

Dedico este livro aos meus pais, irmãos, filhos e, em especial, à minha esposa, que sempre me ajudou na sua elaboração.

Aviso Importante ao Leitor

1. O conteúdo deste livro tem como simples objetivo informar o leitor sobre os aspectos mais relevantes do funcionamento do mercado financeiro no Brasil.

2. Vários ativos são citados no corpo deste livro com o intuito de prover informações mais detalhadas ao leitor, através de exemplos reais. Todavia, eles não são, em si, recomendações de compra e venda por parte do autor.

3. O autor não assume qualquer responsabilidade por eventuais danos ou perdas pessoais originados do uso desta publicação.

4. O mercado de renda variável envolve riscos de perda do capital e o investidor deve ter total ciência dos mesmos.

5. As regras no mercado financeiro são muito dinâmicas e frequentemente modificadas pelos órgãos competentes. Desta forma, as informações repassadas neste livro devem ser confrontadas com o cenário no momento da execução do investimento.

6. Muito zelo e técnica foram empregados na edição deste livro, entretanto, podem ocorrer erros de digitação ou de dúvida conceitual. Nessas hipóteses, recomendamos a devida comunicação com o autor para que ele possa esclarecer a questão.

7. As imagens deste livro estão disponibilizadas também no site da editora (Altabooks.com.br - procure pelo título do livro ou ISBN) caso você deseje utilizar o zoom para visualizá-las em tamanho maior.

Agradecimentos

Em primeiro lugar, gostaria de agradecer aos meus pais, Marcelo e Ione, pela minha formação moral e educacional. Sem eles eu não teria chegado a lugar algum. Meu muito obrigado por tudo.

Agradeço à minha esposa, Raquel, e aos meus filhos, Ana Paula e Vitor, pelo total apoio ao projeto e, especialmente, pela paciência e compreensão nos momentos de ausência do convívio familiar.

Agradeço fortemente aos leitores dos meus primeiros livros publicados na Amazon que, através de críticas, sugestões e comentários elogiosos, me incentivaram a continuar escrevendo sobre o tema. Eles foram muito importantes na minha trajetória. Cada novo comentário foi um estímulo a mais para eu continuar escrevendo no intuito de propagar o conhecimento sobre um assunto tão complexo, mas extremamente relevante para a sociedade.

Não poderia deixar de agradecer ao Eduardo Vilella, consultor especializado em orientar pessoas que desejam escrever e publicar livros. Desde que nos conhecemos, em março de 2018, Vilella sempre acreditou no meu trabalho e, principalmente, me auxiliou no aperfeiçoamento do conteúdo deste livro e não mediu esforços em conseguir uma grande editora para a publicação desta obra. Desta forma, meus sinceros agradecimentos ao escritor João Cordeiro, que me apresentou o trabalho do Eduardo numa conversa informal durante férias em Itacaré.

Por fim, gostaria de agradecer à equipe da Editora Alta Books, que acreditou no conteúdo do livro e prontamente aceitou publicá-lo.

Prefácio da Nova Edição

por **Conrado Navarro**[1]

Quando recebi o convite para prefaciar o livro do Marcelo, logo me empolguei com a oportunidade de participar de uma obra feita de investidor para investidor, de gente comum, que aprendeu a investir porque quis. Caro leitor, é justamente isto que você deve buscar: ser alguém com vontade de aprender (e não um aspirante a especialista).

Assim como eu, você e a grande maioria dos investidores, o doutor Marcelo poupou e investiu durante mais de 15 anos para alcançar a independência financeira. Durante esse processo, ele abriu mão de muitas coisas, errou, mudou, mas manteve-se firme em seu propósito: praticar a educação financeira como um instrumento de liberdade.

Caro leitor, seu caminho não precisa ser o de um especialista com formação técnica em finanças e experiência profissional na área, mas a de um cidadão interessado em construir um futuro mais tranquilo para a sua família, sem abrir mão da qualidade de vida e do prazer de viver. Resultados assim só são possíveis quando você encara a educação financeira como uma questão de cidadania, e é justamente essa a lição mais importante oferecida pelo Marcelo neste livro.

A leitura que você tem nas mãos é, ao mesmo tempo, inspiradora e transformadora. Ela é a prova de que finanças pessoais não são sinônimo de chatice, e mostra como o exemplo do autor e os seus ensinamentos podem ser seguidos quase sem nenhum segredo técnico complexo. Você também pode atingir a sua independência financeira, e o Marcelo o conduzirá com maestria por esta jornada.

---

[1] Conrado Navarro é sócio-fundador do Dinheirama.com, plataforma pioneira em educação financeira no Brasil, empreendedor serial e investidor-anjo.

Sobre o Autor

Marcelo Montandon Júnior possui certificado profissional em investimentos (**CPA-10**) da Associação Brasileira das Entidades dos Mercados Financeiro e de Capitais (**ANBIMA**) e certificado nacional de profissionais de investimento, **CNPI-T**, e é credenciado pela Associação dos Analistas e Profissionais de Investimento do Mercado de Capitais (**APIMEC**). Autor dos livros: *Investir cada vez melhor*, de 2013, *O investidor e o leão — Imposto de renda sobre as aplicações financeiras* e *Análise Técnica no Mercado de Ações*, de 2015, *Não seja o pato da bolsa de valores* e *Tesouro direto na prática*, de 2016 e *Como proteger sua carteira de investimentos*, de 2017. Além da atuação no mercado financeiro como investidor, palestrante e consultor em investimentos, *trading* e educação financeira, o autor é médico especialista em diagnóstico por imagem e radiologia, graduado pela Universidade Federal de Goiás (UFG) em 1994 e com residência médica na Universidade Estadual de Campinas (UNICAMP). Presidente da Sociedade Goiana de Radiologia (SGOR) no biênio 2007/2009. Membro titular do Colégio Brasileiro de Radiologia (CBR) desde 1998 e possui título de especialista em neurorradiologia pelo CBR e é membro da Sociedade Brasileira de Neurorradiologia.

Sumário

Introdução 1

Capítulo 1: Princípios Básicos de Investimentos 3

Capítulo 2: Títulos de Renda Fixa: A Importância do Dinheiro Líquido 17

Capítulo 3: Tesouro Direto — Um Investimento Seguro, Rentável e de Fácil Acesso 37

Capítulo 4: Fundos imobiliários — Um Novo Jeito de Investir no Mercado de Imóveis! 69

Capítulo 5: Previdência Privada Complementar: Os Benefícios Fiscais São Interessantes! 79

Capítulo 6: Mercado de Ações 89

Capítulo 7: Guia Rápido: Como Investir na Bolsa de Valores 125

Capítulo 8: Ativos de Proteção de Carteira: Ouro e Dólar 133

Capítulo 9: Alocação de Recursos Financeiros 139

Capítulo 10: As emoções e o Investidor 147

Capítulo 11: Aprendendo com os Erros 153

Conclusão: Os 10 Mandamentos do Mundo dos Investimentos! 157

Glossário 161

Bibliografia 167

Índice 169

Introdução

Quem garantirá seu futuro financeiro? Você já pensou nisso? No Brasil, a maioria das pessoas não se importa com o futuro. As estatísticas são categóricas. Diferentemente dos países desenvolvidos, não temos a cultura de investir. Apenas vivemos o presente e esquecemos do futuro. Essa é a regra. Estudos recentes mostram que mais de um terço dos aposentados acima de 60 anos continuam trabalhando, pois os rendimentos da aposentadoria são insuficientes para pagar as contas. E mais, 35% dos aposentados não se prepararam para chegar à aposentadoria. Eu, particularmente, acho que esse número é ainda maior, infelizmente.

Não sou contra viver bem o presente, aliás, sou um grande defensor: a vida é muito efêmera e bonita para ser desperdiçada. Aproveito cada minuto e não deixo de fazer nada que possa ser feito hoje. O maior patrimônio de uma pessoa é o seu passado, suas histórias, suas conquistas. Todavia, a nossa capacidade de trabalho declina com o tempo. O nosso corpo pede descanso e a nossa mente pede sossego. Pensar no futuro o quanto antes é a melhor maneira de garantir a independência financeira. Em todas as áreas, o equilíbrio é o mais indicado. Relembre o passado, viva intensamente o presente e garanta o futuro. Não deixe para depois. O passar do tempo é inexorável. É possível conciliar todos os momentos.

Antes de investir, é preciso poupar parte dos seus ganhos. Não há outro caminho. É preciso abdicar de um desejo agora para almejar algo melhor no futuro. Assim, o controle dos gastos mensais e o aumento dos ganhos configuram o cenário ideal, mas nem sempre possível. Desta forma, o mais importante é você ter uma boa disciplina com sua vida financeira: o controle das finanças pessoais. Depois, o próximo passo é aprender a investir corretamente.

A ideia deste livro é mostrar para os adultos de diferentes idades e profissões, não especialistas no mercado financeiro, que saber investir não é uma missão de extrema complexidade. Não é preciso ser um especialista. Com dedicação e estudo, é possível aprender a investir de maneira segura e eficaz. Depois de dez anos de experiência no mercado financeiro, tenho total convicção do que estou escrevendo. Basta um pouco de conhecimento e uma dose de disciplina para alcançar bons resultados no longo prazo. Isso mesmo: longo prazo!

Ninguém ficará rico da noite para o dia. Dinheiro se faz com trabalho. Esse é o primeiro ensinamento. Os investimentos têm o propósito único de potencializar suas reservas financeiras no futuro. A seleção de bons ativos e os fantásticos juros compostos serão seus grandes aliados. Outro fator primordial: paciência. O resultado no longo prazo tende a ser muito bom, mas é preciso dar tempo ao tempo. Para a maioria das pessoas, as economias mensais são costumeiramente pequenas, porém, quando acumuladas constantemente e bem investidas durante duas ou três décadas, a probabilidade de retorno é bem elevada. Deixe os juros compostos trabalharem por você!

Selecionei cinco modalidades de investimentos para garantir seu futuro. Cada uma com suas vantagens próprias, mas o mais importante é a sinergia entre elas. Nenhuma é dispensável. Todas são importantes e complementares. Discutirei uma a uma, seus prós e contras. Depois, mostrarei sugestões de aplicação dos recursos em cada uma delas, ou seja, a parcela recomendada em cada modalidade (alocação de carteira). As sugestões dos próximos capítulos, aliadas à sua própria dedicação, serão fundamentais para você atingir o sucesso.

Por último, uma informação muito importante: o mercado financeiro é extremamente dinâmico, e, comumente, as regras são alteradas pelos órgãos reguladores. Desta forma, os ativos citados no decorrer do livro não são recomendações de compra ou venda por parte do autor. Eles expressam apenas a visão momentânea do autor sobre as diversas modalidades de investimentos no Brasil.

Boa leitura!

Marcelo Montandon Jr.

Sugestões, comentários e dúvidas, acesse o meu
site e obtenha mais informações:

www.investircadavezmelhor.com.br

1
Princípios Básicos de Investimentos

Onde investir seu dinheiro? Poupança, Ouro, Dólar, Debêntures, Fundos de Investimentos, Tesouro Direto, Previdência Privada Complementar ou Ações? Quase sempre é uma pergunta difícil de ser respondida. E por vários motivos. Primeiro, porque a maioria da população não tem conhecimento básico sobre o assunto. Segundo, porque, no Brasil, os investimentos em renda fixa sempre foram muito rentáveis e, usualmente, sem exigir maiores esforços do investidor. Por último, antes de optar por determinado investimento, devemos responder a três quesitos básicos: qual é o seu perfil de investidor? Qual é o horizonte da sua aplicação? Qual é a taxa básica de juros? Saber investir corretamente não é uma missão fácil, mas perfeitamente factível. Basta um pouco de estudo e dedicação!

O mercado financeiro é muito amplo. Os conceitos financeiros são extensos, as opções de investimentos também, e as armadilhas são traiçoeiras. O mercado está infestado de "bons pastores" oferecendo ajuda. Fuja deles! Os bons profissionais são úteis na orientação e apresentação dos produtos. Todavia, a decisão final deverá ser sempre sua.

Antes de comentar as modalidades de investimento sugeridas no título do livro, é preciso repassar alguns conceitos básicos de economia e de investimentos. A compreensão dos mesmos é fundamental para o sucesso do investidor. Para facilitar, optei por descrevê-los em pequenos tópicos, curtos e objetivos. É muito provável que você já os conheça, mas sempre é bom comentá-los e relembrá-los, pois a importância deles é vital.

↳ O Que é Investir?

Investir significa aplicar recursos financeiros, próprios ou de terceiros, com o objetivo de, no futuro, auferir lucros sobre o capital investido, através do recebimento de juros, mantendo o poder de compra de suas reservas, acima do processo inflacionário e potencializando os ganhos através do recebimento de juros sobre juros. Com o resultado final do investimento, você poderá alcançar a independência financeira e realizar alguns sonhos: a casa própria, um carro melhor, uma viagem, entre outros objetivos. Por outro lado, poupar é um ato de abstinência. Deixamos de consumir agora para usufruir de algo melhor no futuro.

Independência Financeira

Há pelo menos 15 anos busco incessantemente a minha independência financeira. Para isso, poupei boa parte do meu salário constantemente e investi grande parte do meu tempo disponível em conhecimento sobre as finanças pessoais e as diversas modalidades de investimentos. Provavelmente, em mais alguns anos, atingirei meu objetivo.

Mas qual o motivo dessa obstinação? Simples: liberdade. Não quero passar o resto da minha vida trabalhando para pagar as minhas despesas do dia a dia. Desejo ter tempo para mim, para dedicar à minha família e aos meus amigos. Quero viver sem preocupações financeiras, curtindo a vida. Com certeza continuarei a trabalhar, mas por prazer, e não por necessidade. Essa é a lógica da independência financeira: bem-estar e liberdade.

Trabalhar é um ato sensacional, e um dos mais prazerosos da vida, especialmente se você gosta do que faz. O problema é trabalhar por obrigação. É acordar numa segunda-feira e pensar que você precisa trabalhar o dia inteiro, a semana inteira, o mês inteiro para que no final do mês o seu salário seja suficiente para honrar todos os compromissos. Não é uma tarefa fácil. E pior: nossa capacidade de trabalho se declina com o passar dos anos. Essa é a regra, não se iluda. O declínio é inexorável para todos os seres humanos.

Então, por que não fazer diferente? Por que não lidar com essa questão desde cedo? A independência financeira tem justamente essa finalidade: criar uma fonte de renda que lhe permita não depender exclusivamente do trabalho para a sobrevivência financeira. Desta forma, mesmo sem o salário, os seus rendimentos permitirão que você consiga atingir todos os objetivos.

Assim, o único caminho é fazer o dever de casa: poupar parte do salário desde cedo e aprender a investir corretamente. Essa conduta, no longo prazo, vai lhe proporcionar essa regalia: trabalhar apenas se quiser. Você terá tempo para curtir seus filhos, netos e amigos. Você poderá viajar sem se preocupar com o lado financeiro. Você terá tempo livre para fazer o que desejar: aprender outras línguas, estudar outras áreas distintas da sua formação acadêmica, ler livros e mais livros, praticar esportes, entre outras coisas interessantes. Isso sim é qualidade de vida. A questão não é o dinheiro em si, é o que ele pode lhe proporcionar. Pense nisso o quanto antes.

Quais os passos para a independência financeira?

1. Tenha uma ótima formação educacional.
2. No começo da carreira, invista fortemente em qualificação profissional.
3. Ao entrar no mercado de trabalho, poupe mensalmente parte do seu salário, mesmo que seja uma pequena parte. O mais importante é a disciplina.
4. Paralelamente à sua profissão, aprenda a investir corretamente. Dedique-se à educação financeira. Conhecimento é primordial. Busque informações de qualidade.
5. Monte uma carteira de investimentos e, como já foi dito, faça novos aportes mensais. Deixe os juros compostos trabalharem por você.
6. Evite ao máximo mexer nesse dinheiro antes de duas a três décadas do início do investimento.
7. Calcule suas despesas mensais. Para sua independência financeira, seus rendimentos precisam superar as despesas e o processo inflacionário, mantendo o poder de compra do seu capital no longo prazo. Em breve, a sobrevida média do brasileiro passará dos 80 anos.

Existe algum Pré-requisito para Começar a Investir?

Apenas um: ter dinheiro disponível. Não há outro caminho, o controle das finanças pessoais é o primeiro passo: temos que gastar menos do que ganhamos, essa é a regra. Poupar é imprescindível. Evite gastos desnecessários e procure aumentar seus ganhos trabalhando. Patrimônio se faz com trabalho. As funções básicas do mercado financeiro são:

- Preservar o capital investido em relação à inflação.
- Potencializar os rendimentos de suas reservas através dos juros sobre juros.

Ativos e Passivos

Os ativos representam os bens e investimentos que, comumente, produzem lucros no presente ou no futuro: imóveis, Ações, Debêntures, títulos públicos etc. Já os passivos são as dívidas propriamente ditas e os bens adquiridos que apenas geram despesas. Desta forma, a compra de um carro não é um investimento, e sim uma comodidade, um prazer; definitivamente ela não trará dividendos. E pior, tende a gerar várias outras despesas: prestações do financiamento bancário acrescidas de juros, seguro do automóvel, combustível e manutenção, além da inevitável desvalorização com o tempo.

É verdade que na vida "precisamos" de alguns luxos: viagens, restaurantes, carros, joias e roupas novas, porém, o mais importante é sempre buscar o equilíbrio. Lembre-se de que os verdadeiros ativos, quando bem aplicados, podem gerar uma boa renda no futuro, o que permitirá a compra de vários "passivos" e outros mimos apenas com os juros e os lucros produzidos. Essa é a ordem natural: busque primeiro os ativos. Deixe os passivos em segundo plano. Inverter o processo é desastroso para o equilíbrio das finanças pessoais.

Qual é o Segredo para o Sucesso no Mercado Financeiro?

O sucesso de qualquer investidor depende basicamente de dois fatores: conhecimento e disciplina. Fazer um investimento sem conhecê-lo é fracasso certo. Estudar, pesquisar e entender a modalidade de investimento pretendida é o caminho correto para o êxito. O objetivo principal deste livro é apresentar ao investidor iniciante e àqueles que ainda não investem, mas que pretendem começar, não especialistas no mercado financeiro, os conhecimentos básicos para investir de maneira correta.

A disciplina é outro quesito primordial. Não há investidor de sucesso sem uma dose generosa de disciplina. Essa é a regra. Seja na hora de poupar, seja na hora de investir, seja na hora de realizar lucros. Todos os passos precisam ser pensados, estudados e bem executados.

Disciplina

Segundo o dicionário Aurélio, disciplina poderia ser definida como "a observância de preceitos e regras", isto é, seguir normas predefinidas. No mundo dos investimentos, o "respeito" à disciplina é fundamental. Juntamente com o conhecimento, a disciplina é um pré-requisito básico para o sucesso do investidor. Comento a seguir alguns breves exemplos de disciplina:

1. Invista parte dos seus ganhos, em qualquer cenário, faça sol ou faça chuva. O montante pode ser 5% do salário ou muito mais, não importa. O mais relevante é a disciplina de guardar uma parte dos seus ganhos desde cedo, e investir com uma frequência pré-estipulada. O ideal é investir mensalmente.

2. Se você se considera um investidor conservador, siga rigorosamente o seu perfil. Não deixe que a opinião de outros mude seus conceitos. A disciplina aqui é primordial.

3. Ao montar uma carteira de investimentos, defina um percentual de cada classe de ativo e mantenha-o no longo prazo. Evite mudanças em virtude dos ruídos de curto prazo ou das situações de estresse em demasia.

4. Tenha a disciplina de investir somente em ativos sobre os quais você tenha um conhecimento mínimo. Não invista no que você não conhece. Antes de fazê-lo, estude o ativo. É preciso ter conhecimento e, principalmente, confiança.

Liquidez

A liquidez de um investimento refere-se à capacidade de convertê-lo em dinheiro. Assim, um imóvel tem baixa liquidez, pois comumente precisamos de um tempo razoável para revertê-lo em dinheiro. Por outro lado, um Fundo Referenciado em DI costuma apresentar liquidez imediata — diária. O Mercado de Ações apresenta ótima liquidez para os papéis mais negociados, porém, o dinheiro estará na nossa conta apenas no terceiro dia útil após a venda do mesmo (D+3), que é o prazo de liquidação desse ativo.

Renda Fixa ou Variável?

Entende-se por renda fixa aquele investimento em que, no ato da aplicação, temos um elevado nível de previsibilidade do rendimento que teremos naquele período, isto é, a taxa de juros para a remuneração é conhecida no momento da aplicação. A Poupança, o CDB e os títulos do Tesouro Direto são alguns exemplos.

Na renda variável, o investimento é feito na expectativa de obter uma valorização no futuro, mas sem garantia alguma: Imóveis, Ouro, Mercado de Ações etc. Em geral, os ativos de renda variável apresentam um risco maior, porém podem oferecer um ganho maior no futuro, mas sem a garantia real de que isso ocorra. É uma expectativa.

Conceito de Trade-off

Todo investimento é baseado no tripé: **retorno, risco e liquidez.** Ao investir, buscamos retorno financeiro no futuro (lucros), mas devemos estar cientes do risco inerente ao investimento e também de sua liquidez. O investimento ideal seria aquele com alta rentabilidade, baixo risco e ótima liquidez. Entretanto, são características mutuamente excludentes a partir de certo ponto. Para conseguir um pouco mais de uma, temos que abrir mão de outra. Daí surge o conceito de **trade-off**, que é a relação de compensação entre esses três fatores, ou seja, ganha-se num quesito e perde-se em outro. Assim, um ativo com alto risco, em geral, apresenta maior rentabilidade.

Qual é o Horizonte do Investimento?

Antes de fazer qualquer investimento, é preciso decidir qual é o horizonte daquela aplicação: curto, médio ou longo prazo. Investimentos de curto prazo — menos de um ano — exigem baixo risco e alta liquidez: imprevistos acontecem. Os de médio prazo visam alguns anos. Já os de longo prazo visam o futuro e a aposentadoria. Esses dois últimos têm como principal objetivo a rentabilidade: nesse caso, é preciso arriscar.

Os investimentos de curto prazo são representados principalmente pelo Tesouro Selic, CDBs e Fundos Referenciados em DI, pois apresentam liquidez imediata e fácil acesso para a população. Contudo, os rendimentos são limitados. Em geral, esses investimentos são interessantes em algumas situações: "capital de giro", uma reserva financeira de curto prazo ou para despesas vindouras programadas, por exemplo, uma viagem nas férias escolares das crianças ou a compra de uma televisão nova.

Os investimentos de médio prazo, entre um e três anos, usualmente visam um objetivo específico, como a troca de um carro ou uma viagem de férias para o exterior. Nesse caso, podemos abrir mão temporariamente da liquidez, o que usualmente determina um aumento no rendimento da aplicação. Atualmente, os CDBs de bancos médios são bons exemplos.

Já os investimentos de longo prazo têm como objetivos a independência financeira, a liberdade de tempo e a realização de projetos no futuro, como pagar uma pós-graduação ou uma universidade para o filho. São investimentos para mais de cinco anos. Necessitam ser mais rentáveis e, para isso, devemos abrir mão da liquidez e arriscar um pouco mais. O Mercado de Ações, os imóveis e os títulos públicos atrelados à inflação são alguns bons exemplos.

O fundamental é separar completamente os objetivos de investimentos, já que, na prática, as pessoas teimam em misturá-los, o que pode afetar o planejamento familiar e gerar prejuízos. Desta forma, antes de aplicar seu dinheiro, você deve ter em mente o horizonte daquele investimento. Sempre.

Retorno Financeiro

O retorno de um investimento é a taxa de remuneração dos ativos financeiros, expressa em porcentagem, num determinado período de tempo. Outro conceito importante é o de rentabilidade absoluta versus rentabilidade relativa. A primeira refere-se ao rendimento da operação por si só, sem comparações, enquanto a segunda está relacionada a algum parâmetro — *benchmark*.

No mundo dos investimentos, o ideal é utilizar a rentabilidade relativa, pois ela reflete melhor o desempenho da aplicação. Assim, o rendimento de uma carteira de ações deve ser comparado a algum índice baseado em ações, por exemplo, o IBOV — Índice Bovespa. O retorno de um Fundo em Renda Fixa deve ser comparado com ativos da mesma natureza.

A rentabilidade esperada é aquela que aguardamos no futuro, enquanto a rentabilidade observada é referente ao rendimento que aconteceu no passado. Nem sempre o que ocorreu no passado acontecerá no futuro, pois existem inúmeras variáveis. Esse detalhe é muito importante.

Idade e Investimentos

Quando somos jovens, podemos e devemos arriscar mais, pois ainda temos muito tempo para nos recuperar de eventuais erros. Porém, com o passar dos anos, nossa capacidade de trabalho é menor. Investimentos em renda variável podem ser muito rentáveis, porém carregam maior risco, enquanto investimentos em renda fixa são mais seguros, todavia, menos rentáveis. Busque o equilíbrio e ajuste seus investimentos às suas necessidades e ao seu perfil. Ainda abordaremos o assunto de maneira mais detalhada.

Riscos

Qualquer investimento apresenta riscos; todos, sem exceção, inclusive o nosso próprio negócio. Aliás, este sim, tem o maior risco de todos, o que quase sempre é ignorado pela maioria das pessoas. O próprio negócio tende a oferecer o maior retorno sobre o capital investido, pois o risco assumido por nós é muito alto. Os investimentos e os principais riscos envolvidos são:

- **Risco de Crédito:** refere-se ao risco de você não receber o valor aplicado, bem como seu rendimento. Todo investimento tem risco de crédito, até mesmo a caderneta de poupança e os títulos públicos do governo federal — Tesouro Direto.
- **Risco de Mercado:** refere-se ao comportamento do preço de um ativo em função das condições do mercado em geral — macroeconomia. Por exemplo, uma crise global poderá afetar todos os seus investimentos, alguns mais, outros menos.
- **Risco de Liquidez:** está relacionado ao tempo necessário para converter seu investimento em dinheiro. A compra de um apartamento pode oferecer um grande risco de liquidez. Uma ação de "terceira linha" da bolsa de valores comumente apresenta baixa liquidez.
- **Risco do Negócio:** refere-se ao risco do negócio propriamente dito. Por exemplo, após a compra de um imóvel, sua valorização ou desvalorização pode ser afetada por algum novo empreendimento na vizinhança.
- **Risco Sistemático:** é o risco intrínseco que não pode ser reduzido mesmo com a diversificação dos investimentos.

O que é Diversificação dos Investimentos?

Diversificar nada mais é do que investir em diferentes produtos financeiros ao mesmo tempo, dentre os mais variados tipos de investimentos, com o objetivo de minimizar os riscos. Portanto, em nossa carteira, devemos ter ativos com boa liquidez, ativos de curto, médio e longo prazo, ativos vinculados à renda fixa e outros, à renda variável. Nunca aposte todas as suas fichas em um só negócio, mesmo que lhe pareça bastante seguro e rentável.

Qual É o Seu Perfil de Investidor?

Conservador, moderado ou arrojado? Os bancos e as corretoras avaliam o perfil do cliente antes de sugerir investimentos — **suitability**. Algumas pessoas são totalmente avessas a riscos, outras, mais tolerantes. O mais importante é respeitar o seu perfil, caso contrário, você perderá o sono e, pior, seu dinheiro. Evite grande exposição ao mercado de renda variável se você for muito conservador. O que é bom para uma pessoa não necessariamente é para outra. Cada um tem seu limite. Respeite-o. A seguir, listo os principais critérios usados pelas corretoras para avaliar o perfil de investidor de seus clientes:

1. Qual o seu grau de conhecimento sobre o mercado financeiro?
2. Você investe sozinho ou segue orientações de terceiros?
3. O que você prioriza? Rentabilidade ou segurança e tranquilidade?
4. Em caso de eventuais perdas no mercado de renda variável, qual será a sua conduta? Aceita naturalmente ou entra em pânico e faz o resgate do investimento no prejuízo?
5. Por quanto tempo você pretende deixar o dinheiro investido?
6. Qual a experiência passada com os diversos ativos? Fundos de Investimentos? Títulos públicos? Títulos Privados? Previdência? Mercado de Ações? Derivativos?
7. Qual o seu grau de escolaridade?

Ao responder aos questionamentos, o próprio sistema dirá em qual perfil você se encaixa melhor. Em todos os testes que já fiz, em diversas instituições, meu perfil sempre foi categorizado como **arrojado**, o que é verdade. Aceito os riscos e perdas eventuais com muita naturalidade, e a maioria dos meus investimentos visam o longo prazo. Veja abaixo as principais características de cada perfil.

- **Perfil Conservador:** investidores que priorizam a preservação do patrimônio, a tranquilidade e têm baixa tolerância ao risco. Devem ficar menos expostos aos ativos de renda variável. Ativos mais conservadores e pouco voláteis são os mais indicados. Eles valorizam também a liquidez dos recursos.
- **Perfil Moderado:** investidores que também priorizam a preservação de capital, contudo, têm alguma tolerância ao risco e podem ficar um pouco mais expostos aos ativos mais voláteis, com o intuito de potencializar os ganhos em parte dos seus investimentos.
- **Perfil Arrojado:** investidores que têm alta tolerância ao risco na busca de rendimentos mais significativos. Aceitam os prejuízos com maior naturalidade e não necessitam dos recursos no curto prazo, ou seja, aceitam a redução da liquidez de parte de seus investimentos.

Assim sendo, fica claro que você deve checar em qual perfil se encaixa. Considero esse quesito fundamental para o sucesso do investidor.

Juros Compostos

Também chamados de juros sobre juros. Segundo o grande físico Albert Einstein, "os juros compostos são a oitava maravilha do mundo". Tratando-se de investimentos, esse é o princípio mais importante. Deixe os juros compostos trabalharem por você: pequenos aportes mensais bem aplicados no longo prazo podem atingir pequenas fortunas. Por outro lado, as dívidas baseadas nos mesmos juros compostos podem destruir qualquer orçamento familiar. Resumindo: os juros compostos são ótimos para os poupadores e péssimos para os gastadores. Em geral, os poupadores financiarão a "farra" dos gastadores, porém serão recompensados no futuro.

Veja na Figura 1 a diferença entre os resultados de aplicações de um mesmo valor, R$50 mil, e com a mesma taxa de juros, 1% ao mês. A simulação mostra aplicações de 10 e 20 anos, e com juros simples e compostos. Perceba que o último resultado é muito superior aos demais, pois duas grandes ferramentas foram colocadas ao nosso favor: o tempo mais longo e os juros compostos.

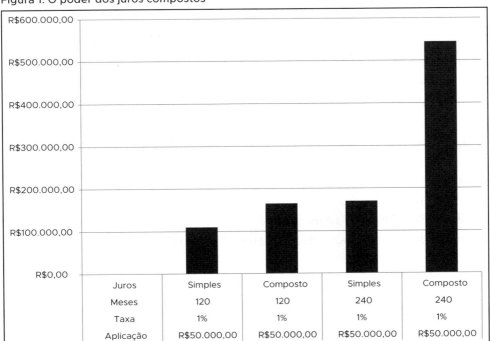

Figura 1: O poder dos juros compostos

Fonte: Elaboração do autor.

Você não precisa saber a fórmula de cálculos dos juros compostos nem usar uma calculadora HP. Na internet existem vários sites que oferecem gratuitamente o cálculo de juros compostos. Sugiro a calculadora do Banco Central do Brasil. Basta digitar "calculadora do cidadão do Banco Central" no Google. É muito fácil usá-la.

A Taxa Selic

Infelizmente, a maioria da população brasileira não tem a mínima noção do que se trata. A taxa básica de juros de um país, Selic, aqui no Brasil, é determinada pelo Banco Central e rebalanceada, em média, a cada 45 dias. A importância dela é gigantesca. E é para todos os brasileiros, sem discriminação. Com base nela, temos a correção das aplicações em Poupança, dos Fundos de Investimentos Referenciados em DI, dos títulos do Tesouro Direto, entre outros.

Basicamente, o rendimento de todos os investimentos está vinculado à Selic, de uma forma ou de outra. Por outro lado, o crédito bancário também é atrelado à Selic. Quanto mais elevada, maior será a taxa de juros que você pagará no cartão de crédito, no cheque especial, no financiamento imobiliário, no financiamento de um carro ou num crédito pessoal. Dessa forma, o crédito mais caro e escasso é um poderoso instrumento para o combate ao persistente processo inflacionário. Quem viveu os tempos de hiperinflação sabe que a inflação é o pior dos "tributos".

A elevação da Taxa Selic ou uma taxa alta favorecem várias modalidades de investimentos, dentre elas, os Títulos Públicos Pós-fixados, os CDBs e os Fundos DI. Por outro lado, prejudica o mercado acionário e desestimula o investimento em Fundos Imobiliários, como veremos nos próximos capítulos. O contrário também é verdadeiro: uma Selic baixa impulsiona a economia, favorecendo os Mercados de Ações e Imobiliário.

Veja na Figura 2 a evolução da Taxa Selic nos últimos sete anos, de março de 2011 a março de 2018 (expressa em % ao ano). Em julho de 2011, a Selic atingiu a máxima daquele ano, em 12,5%. Em seguida, recuou até o patamar de 7,25%, permanecendo nesse nível entre outubro de 2012 e março de 2013. A partir daí, a Selic teve um aumento gradativo significativo até a máxima em 14,25% no mês de julho de 2015. Permaneceu nesse patamar por mais de 12 meses, até setembro de 2016. Desde outubro de 2016, a Selic vem caindo sistematicamente, e atualmente está em 6,75% ao ano (março de 2018).

Princípios Básicos de Investimentos 13

Figura 2: Evolução da Taxa Selic nos últimos 7 anos

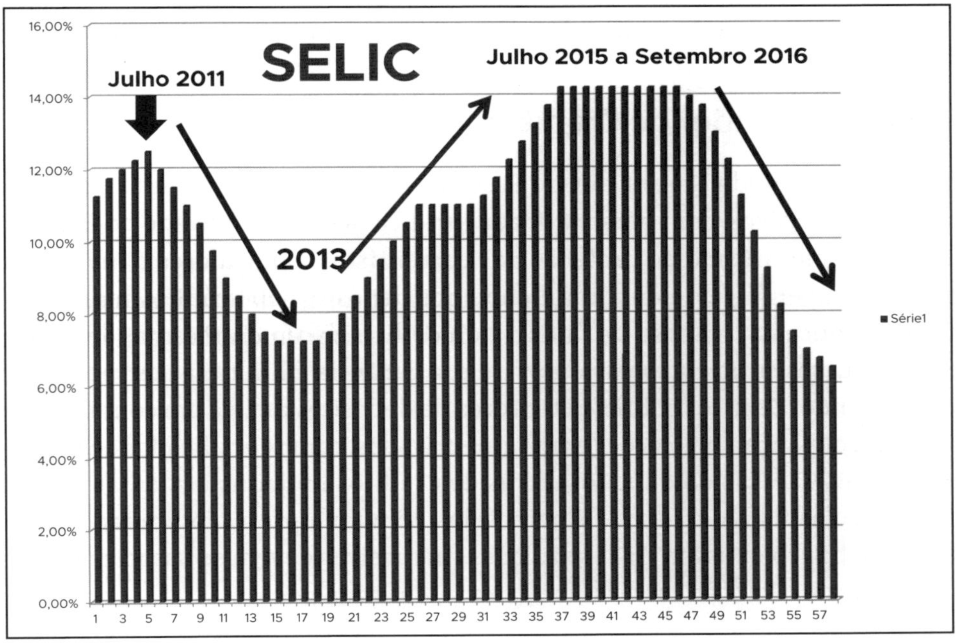

Fonte: Elaboração do autor com dados do Banco Central do Brasil (www.bcb.gov.br).

Taxa CDI

As transações financeiras dentro de um país têm como mediadores os bancos. Logo, embora a Taxa Selic seja a taxa básica da economia, outra taxa de vital importância na análise dos mercados financeiros é a que reflete a operação de recursos entre os bancos. Essas transações eram originalmente baseadas em títulos, denominados certificados de depósitos bancários (CDIs). Atualmente, como não existem mais certificados, passou-se a usar apenas depósitos interfinanceiros (DI), porém, o termo CDI ainda é o mais utilizado.

Operações com títulos referentes a depósitos interfinanceiros são registradas na **CETIP** (Câmara de Custódia e de Liquidação Financeira de Títulos). É o órgão responsável pelo registro das operações com títulos privados — Certificados de Depósitos Bancários, Depósitos Interfinanceiros, Letras de Câmbio, Letras Hipotecárias, Certificados de Créditos Imobiliários, Debêntures, entre outros. A **CETIP** foi adquirida pela **BM&FBOVESPA** em 2017, e a fusão das duas gerou uma nova empresa, denominada **B3**.

Portanto, a Taxa CDI representa a média das operações de instituições financeiras entre si. Quase todos os produtos financeiros em renda fixa têm como base a Taxa CDI, que por sua vez está diretamente relacionada à Taxa Selic. Comumente, a Taxa CDI é pouquinho menor que a Selic. Na prática, podemos considerá-las no mesmo valor, pois são muito próximas. Esse conceito é fundamental!

Fundo Garantidor de Créditos

Criado em 1995, o Fundo Garantidor de Créditos **(FGC)** constitui-se numa associação civil sem fins lucrativos, com personalidade jurídica de direito privado do Brasil, que administra um mecanismo de proteção aos correntistas, poupadores e investidores, permitindo recuperar parte ou a totalidade dos depósitos ou créditos mantidos em instituição financeira, no caso de falência ou de liquidação da mesma, desde que o FGC tenha recursos suficientes para tal, isto é, a garantia é limitada aos recursos disponíveis no Fundo. Os investidores detentores de depósitos à vista em conta corrente, depósitos em poupança e aplicações em títulos privados, como Certificados de Depósitos Bancários (CDBs), Letras de Câmbio, Letras de Créditos Imobiliários (LCIs), Letras de Créditos Agrícolas (LCAs) e Letras Hipotecárias, têm uma proteção limitada em caso de falência do banco emissor. As instituições financeiras devem se associar ao Fundo e efetuar uma contribuição mensal obrigatória, definida por lei.

Até abril de 2013, cada pessoa física ou jurídica tinha garantido um valor máximo de R$70 mil em caso de inadimplência da instituição financeira, respeitando-se o saldo bancário de cada um, obviamente. O controle é individualizado por CPF ou CNPJ. Desde maio de 2013, o limite de garantia foi aumentado para R$250 mil. Além do limite, foi aprovado também o valor a ser pago em caso das contas conjuntas. Na regra anterior, em caso de titularidade conjunta de cônjuges, cada um recebia R$70 mil. A partir de agora, os titulares da conta conjunta receberão o valor global de R$250 mil, dividido pelo número de titulares, semelhante à regra para as contas conjuntas de titulares não cônjuges. Em 21 de dezembro de 2017, o FGC acrescentou uma nova normativa, estabelecendo um teto de garantia de R$1 milhão para cada investidor, por CPF ou CNPJ, para um período de quatro anos. A cada quatro anos, esse limite é renovado. A contagem do período de quatro anos inicia na data de liquidação ou intervenção da instituição financeira na qual o investidor detinha um valor garantido pelo FGC.

Como veremos em breve, os bancos de médio porte e as instituições financeiras aproveitam a "garantia extra" do FGC e ofertam seus títulos com rendimentos muito acima da média do mercado, por vezes atingindo a cifra de 120% do CDI. Esse ganho seria muito bom, se não tivéssemos alguns problemas:

1. Usualmente, nesses investimentos exige-se um longo tempo de carência para o resgate do valor aplicado, eventualmente acima de 48 meses, o que limita drasticamente a liquidez do dinheiro.

Princípios Básicos de Investimentos 15

2. Apesar da garantia do FGC e da solidez do sistema bancário nacional, numa eventual crise sistêmica dos bancos brasileiros (e isso já ocorreu algumas vezes), o montante aportado no FGC poderá não ser suficiente para cobrir todos os bancos inadimplentes. Estima-se que pouco mais de 3% de todos os investimentos no Brasil possam ser honrados pelo FGC.

3. Mesmo que o FGC tenha o dinheiro disponível, você poderá ter alguns incômodos burocráticos até receber o dinheiro de volta, o que, mais uma vez, limita a liquidez do seu investimento.

Portanto, apesar dos retornos admiráveis, abra os olhos em relação aos títulos privados ofertados pelos bancos de médio porte e tome muito cuidado ao aplicar seu dinheiro. O que parece bom no dia de hoje pode ser uma bela dor de cabeça no futuro. No intuito de aproveitar os bons rendimentos e, ao mesmo tempo, manter a segurança dos investimentos, recomendo as seguintes precauções:

1. Procure obter informações confiáveis para separar o joio do trigo: no mercado brasileiro, existem ótimos bancos de pequeno e médio porte, e outros ruins, à beira da falência.
2. Nunca aplique seu dinheiro numa instituição só. Diversifique.
3. Mantenha a liquidez de parte de suas reservas.
4. Evite carências muito longas.
5. E, por último, um ponto muito importante: calcule o valor aplicado e os juros futuros, sendo que o montante futuro (valor total estimado para resgate) nunca deverá exceder os R$250 mil por cada instituição financeira.

Bons Motivos para Você Começar a Investir o Quanto Antes

Depois da compreensão dos conceitos básicos em economia, chegou a hora de começar a investir. Para finalizar este capítulo, selecionei algumas boas razões para você começar a investir o quanto antes.

1. O declínio inexorável da capacidade de trabalho com a idade. Infelizmente, não podemos alterar o nosso destino. A expectativa média de vida dos brasileiros está cada vez maior e, dessa forma, devemos estar preparados para o futuro e as reservas financeiras são absolutamente fundamentais.
2. Confiar nossa aposentadoria totalmente ao Instituto Nacional de Seguro Social (INSS) não é um bom negócio. As intervenções do governo federal são constantes e perigosas. E mais, o déficit crescente da previdência pública é muito preocupante, o que pode interferir diretamente no recebimento futuro dos benefícios, mesmo que você tenha contribuído por um longo período e dentro das regras atuais. Pense nisso.

3. O primeiro objetivo de qualquer investimento é a preservação do capital, no intuito de combater os efeitos maléficos do processo inflacionário. Os investimentos no longo prazo podem ser drasticamente corroídos pela inflação. O segundo objetivo é potencializar os rendimentos de suas reservas.

4. Mesmo que você não dê muita importância ao dinheiro, ele é de suma importância na nossa vida. É uma fonte de bem-estar e tranquilidade. Para a maioria das coisas importantes na vida, o dinheiro é imprescindível. Essa é a lei no capitalismo, não tente remar contra a maré.

5. Garantir um futuro digno para nossa família, com saúde, qualidade de vida e segurança. Talvez seja o maior sonho de qualquer trabalhador honesto. É uma meta difícil, mas perfeitamente possível. Basta que você trabalhe muito, economize parte do seu salário e, principalmente, saiba investir. Esse é o caminho, e quanto mais cedo, melhor!

As Modalidades de Investimentos Propostas neste Livro

Das várias modalidades de investimentos existentes no país, selecionei cinco para você conquistar o seu tão sonhado objetivo: a independência financeira no futuro. Dependendo do valor inicial aplicado e dos aportes mensais, esse futuro pode estar muito próximo. Cada uma das modalidades apresenta suas vantagens próprias, mas o mais importante é a sinergia entre elas. Nenhuma é dispensável. Todas são importantes e complementares. Procure entender todos os detalhes, os prós e os contras. São elas:

1. Títulos de Renda Fixa.
2. Tesouro Direto.
3. Previdência Privada Complementar.
4. Fundos de Investimentos Imobiliários.
5. Mercado de Ações.

Depois de entendermos cada modalidade, discutiremos como montar uma carteira de investimentos e como rebalancear sua carteira de tempos em tempos. Comentarei ainda sobre alguns ativos que visam a proteção do seu portfólio: o ouro e o dólar americano.

2
Títulos de Renda Fixa: A Importância do Dinheiro Líquido

Vou dividir as aplicações em renda fixa em dois grupos. Por uma questão didática, inicialmente comento os investimentos que visam exclusivamente o curto prazo: Caderneta de Poupança, CDBs, Fundos DI e Tesouro Selic. A seguir, comento algumas opções de investimentos para o médio prazo: LCIs e LCAs, Debêntures e Certificados de Operações Estruturadas (COEs).

Antes de planejar o médio e o longo prazo, é preciso garantir o futuro imediato. A liquidez de parte de nossos investimentos é fundamental. Outro aspecto relevante nas aplicações de curto prazo é o baixo risco de crédito. Dessa forma, o primeiro passo para um bom planejamento financeiro é a garantia do curto prazo.

Atualmente temos vários investimentos interessantes com esse propósito, sobre os quais comentarei nos próximos itens. Sugiro que as reservas de curto prazo correspondam a, no mínimo, seis meses dos seus gastos mensais habituais. Como exemplo, para quem tem um gasto mensal médio de R$10 mil, o montante de R$60 mil é suficiente.

Para o médio prazo, de um a três anos, é preciso definir qual o objetivo exato da aplicação. Por exemplo: você pretende trocar ou reformar seu apartamento no prazo de três anos e para tanto precisa acumular o montante de R$100 mil. Essa será a meta do investimento ao longo dos três anos. Aqui, você pode abrir mão da liquidez imediata e almejar um rendimento um pouco maior, sem abrir mão do controle de risco. Eu, particularmente, não tenho investimentos nesse prazo operacional; prefiro apenas dividir meus investimentos em curto e longo prazo.

Caderneta de Poupança

A caderneta de Poupança, ou simplesmente "poupança", ainda é a principal modalidade de investimento do brasileiro. Quase todas as pessoas conhecem ou já ouviram falar dela. Entretanto poucos sabem que o rendimento da poupança nos últimos anos, descontada a inflação, foi muitas vezes negativo. Isso mesmo: quem aplicou dinheiro perdeu poder aquisitivo. Portanto, apesar da simplicidade em aplicar o dinheiro na poupança, esta modalidade está longe de ser uma boa opção de investimento.

Durante muitos anos, o cálculo do rendimento da poupança era muito simples: a Taxa Referencial (TR) acrescida de juros de 6,17% ao ano (0,5% ao mês). Como a TR é pós-fixada, no momento da aplicação não sabemos o valor exato do rendimento no futuro, porém podemos estimá-lo com base no rendimento passado. No início de maio de 2012, o governo federal anunciou novas regras para o cálculo do rendimento da poupança. Para os depósitos efetuados até o dia 3 de maio de 2012, nada muda. Depois dessa data, quando a Taxa Selic estiver igual ou abaixo de 8,5%, o rendimento passará a ser calculado com base na TR mais 70% do valor da Selic. Os demais parâmetros continuam os mesmos. Em contrapartida, com a Selic acima de 8,5%, o cálculo do rendimento permanece o mesmo (TR + 6,17%).

As Vantagens da Poupança:

- Baixo risco de crédito, pois tem garantia do FGC.
- Fácil acesso para a população.
- Não tem limite mínimo de aplicação.
- Liquidez imediata.
- O rendimento não é tributado pelo Imposto de Renda.
- As aplicações são isentas de IOF.

As Desvantagens da Poupança:

- Baixo rendimento.
- O dinheiro deverá permanecer aplicado até a data do vencimento do depósito, para então você receber a remuneração, ou seja, durante os 30 dias. Um saque precoce não garante nenhum rendimento, mesmo se efetuado com 29 dias após a aplicação!

Tenho total convicção de que a aplicação em caderneta de poupança com o objetivo de garantir um futuro melhor é um grande equívoco. É preciso mudar a mentalidade. Pequenas quantias e aplicações de curtíssimo prazo, menos de 90 dias, até podem ser aceitáveis, porém pouco recomendadas, pois o atual rendimento é muito ruim. Porém, se você gosta e não consegue ficar livre desse "mal", aplique, no máximo, o equivalente a dois meses de despesas mensais. Existem opções melhores em renda fixa e com baixo risco, como veremos a seguir.

CDBs

Os Certificados de Depósitos Bancários (**CDBs**) são títulos nominativos emitidos pelos bancos com a finalidade de captar recursos junto aos investidores. Representam uma importante modalidade de investimento em renda fixa.

Os CDBs podem ter prazo de carência de resgate ou apresentar liquidez imediata. Há também o prazo de vencimento do título, ou seja, o valor aplicado e os rendimentos serão resgatados automaticamente para sua conta ao término do contrato.

Podem ser títulos prefixados, ou seja, a remuneração já é conhecida no ato da aplicação. Porém, nesta modalidade, comumente o resgate somente é permitido na data de vencimento do título, que pode ser com 30, 60 dias ou alguns anos.

Já os CDBs pós-fixados são mais comuns e usualmente vinculados à Taxa CDI, ou seja, renderão uma porcentagem preestabelecida da Taxa DI no ato da aplicação. Dessa forma, os CDBs pós-fixados apresentam rendimentos similares ao Tesouro Selic e aos Fundos de Investimentos Referenciados em DI. Temos também os CDBs atrelados a outros indexadores, por exemplo, o IPCA, porém são mais raros.

Os bancos de médio porte oferecem ótimas taxas de remuneração para CDBs com carência de 12 a 36 meses, por vezes, atingindo até 120% da Taxa CDI. Assim, podem ser bons instrumentos de investimento para o médio prazo. Como o risco de crédito é maior nessas instituições, aplique somente quantias que são cobertas pelo FGC. Lembre-se de que o limite de cobertura deverá incluir o valor aplicado acrescido dos juros acordados até o momento do resgate.

Veja, na Figura 3, alguns CDBs de bancos médios ofertados no dia 10 de setembro de 2018, na XP Investimentos. Compare principalmente o rendimento com o prazo de carência.

Figura 3: Exemplos de CDBs de bancos médios

CDB Certificado de Depósito Bancário					
Ativo	Carência	Vencimento	Vencimento Taxa	Juros
CDB Banco ABC	10/09/2019	10/09/2019	100% CDI	Vencimento
CDB Banco Indusval S/A	26/02/2021	26/02/2021	118% CDI	Vencimento
CDB Banco Topazio S/A	10/09/2019	10/09/2019	112% CDI	Vencimento
CDB Pan	03/03/2020	03/03/2020	110% CDI	Vencimento
CDB BMG	15/09/2023	15/09/2023	IPCA + 7%	Vencimento
CDB Agibank	10/09/2021	10/09/2021	121% CDI	Vencimento
CDB NBC Bank	10/09/2020	10/09/2020	11.2%	Vencimento
CDB GMAC	10/09/2021	10/09/2021	103% CDI	Vencimento
CDB GMAC	10/09/2020	10/09/2020	102% CDI	Vencimento
CDB GMAC	10/09/2019	10/09/2019	101% CDI	Vencimento
CDB Original	26/02/2021	26/02/2021	11.85%	Vencimento
CDB Banco Indusval S/A	10/09/2021	10/09/2021	12.1%	Vencimento

Os bancos médios também oferecem taxas prefixadas muito acima da Selic para investimentos com carência de três a cinco anos. Exemplo: em setembro de 2018, alguns ofereciam CDBs com taxas prefixadas acima de 10%. Lembrando que a Selic está em 6,5% ao ano. Eu, particularmente, não gosto desse tipo de investimento em virtude da longa carência para resgate. Prefiro a liquidez do dinheiro em outros investimentos.

Resumindo, a remuneração dos CDBs frequentemente é vinculada à Taxa CDI, em média, entre 80 e 102% da mesma. De uma maneira geral, quanto maior o volume financeiro aplicado e maior o tempo de carência, maior será a taxa de rendimento. Nunca deixe de analisar essa taxa antes de investir, pois ela é muito variável entre os bancos. Procure títulos de bancos sólidos, especialmente se o valor aplicado ultrapassar o limite garantido pelo FGC. Bancos menores costumam oferecer melhores taxas, porém o risco de crédito é maior. Se você respeitar o limite de R$250 mil, teoricamente poderia desconsiderar esse aspecto, pois aplicações em todos os bancos afiliados estão garantidas pelo FGC. Contudo, pequenas diferenças de remuneração não compensam, pois a dor de cabeça futura e a burocracia podem não valer a pena em caso de quebra da instituição financeira.

Títulos de Renda Fixa: A Importância do Dinheiro Líquido   21

Amortização	Rating	Agência	Quant. mínima	Preço unitário
Vencimento	AAA	S&P	50	R$1.000,00
Vencimento	-	-	5.000	R$1,00
Vencimento	-	-	1	R$1.000,00
Vencimento	A	Fitch	5	R$1.000,00
Vencimento	Baa3	Moody's	1.000	R$1,00
Vencimento	-	-	5	R$1.000,00
Vencimento	-	-	5	R$1.000,00
Vencimento	AAA	Fitch	5	R$1.000,00
Vencimento	AAA	Fitch	5	R$1.000,00
Vencimento	AAA	Fitch	5	R$1.000,00
Vencimento	BBB	Fitch	1	R$1.000,00
Vencimento	-	-	5.000	R$1,00

Fonte: XP Investimentos (www.xpi.com.br).

As Vantagens dos CDBs:

- Baixo risco de crédito, pois tem garantia do FGC.
- Fácil acesso para a população.
- O rendimento é razoável.
- Não tem taxa de administração.

As Desvantagens dos CDBs:

- Costumam exigir uma aplicação mínima.
- A liquidez pode não ser imediata. Nos CDBs prefixados, o resgate somente é permitido na data do vencimento do título ou após o período de carência.
- Há a incidência de Imposto de Renda e do IOF, semelhante aos Fundos de Investimentos, que veremos em breve.

Fundos DI

Amplamente difundidos na sociedade, os Fundos de Investimentos consistem em instrumentos de aplicação financeira nos quais o investidor aplica seus recursos por meio de cotas, deixando a administração desses recursos a cargo de um profissional do mercado. Portanto, nesse tipo de investimento, em vez de comprarmos ativos diretamente, compramos cotas de um determinado fundo. O gestor terá a missão de comprar ou vender ativos para a carteira do fundo, de acordo com o objetivo de estratégia de cada fundo.

Dentre os vários tipos de fundos, temos os chamados **Fundos de Curto Prazo**, neles inclusos alguns **Fundos DI**, que devem aplicar seus recursos em títulos públicos federais ou títulos privados de baixo risco. Esses fundos têm por objetivo proporcionar a menor volatilidade possível dentre os fundos disponíveis no mercado brasileiro. Suas regras permitem a utilização da cota de abertura e proíbem a cobrança de taxa de performance. Podem também ser classificados como fundos de aplicação automática, de forma a remunerar o saldo remanescente em conta corrente. O principal problema dos fundos de aplicação automática é que, ao admitir a transferência de recursos da conta corrente para o fundo, o investidor renuncia às garantias do FGC, portanto, o investidor deve ser alertado do prospecto do fundo.

Os **Fundos Referenciados** deverão conter o indicador de desempenho do fundo. Assim, os **Fundos Referenciados em DI**, nosso objetivo neste ponto do livro, seguem a variação da Taxa CDI. São fundos passivos e que devem conter 95% dos ativos financeiros relacionados ao seu *benchmark*, ou seja, vinculados à Taxa CDI ou à Selic. Esses fundos têm liquidez imediata e rendem uma parcela da Taxa CDI. Teoricamente, são ativos semelhantes aos CDBs pós-fixados, porém apresentam duas desvantagens: cobram taxa de administração e não têm a garantia do FGC.

Ao ingressar num fundo, o cotista deve, obrigatoriamente, assinar o **termo de adesão**, além de receber o regulamento e o prospecto do fundo. O **regulamento** é uma peça jurídica complexa que contém todas as regras do fundo. Já o **prospecto** é um documento elaborado numa linguagem mais simples, contendo todos os quesitos relevantes, com o objetivo de esclarecer todas as dúvidas do investidor. Recomendo que o investidor, antes de aderir ao fundo, leia com muita atenção o prospecto do Fundo de Investimento.

Um aspecto extremamente relevante é observar a taxa de administração e o rendimento mensal. Os bons Fundos DI devem ter taxa de administração inferior a 0,5% e apresentar um rendimento próximo a 100% do DI. Infelizmente, essa não é a regra nos bancos de grande porte. Fique atento. Em breve, farei uma comparação entre um Fundo DI da XP Investimentos e o Tesouro Selic.

As Vantagens dos Fundos DI:

- Fácil acesso para a população.
- O rendimento é razoável.
- Liquidez imediata.

As Desvantagens dos Fundos DI:

- Não tem garantia do FGC.
- Taxa de administração, o que consome parte dos ganhos.
- Tributação de Imposto de Renda e IOF.
- Sistema de "come-cotas".

Tesouro Selic

No próximo capítulo, estudaremos em detalhe os títulos do Tesouro Direto, mas, antes, é preciso tecer rápidos comentários sobre o título público denominado de **Tesouro Selic**. Ele é negociado na plataforma do Tesouro Direto e é o ativo mais conservador do mercado brasileiro. Tem como objetivo principal garantir o curto prazo e a liquidez do investimento, evitando oscilações bruscas. A remuneração é diária e vinculada à Taxa Selic.

Desde que o programa do TD passou a oferecer vendas diárias, muitas pessoas perguntam o que é mais vantajoso, o Tesouro Selic ou os Fundos DI? Ótima questão. É preciso comparar os rendimentos e os custos. O rendimento do Tesouro Selic é conhecido: a Taxa Selic com um mínimo deságio (cerca de 0,10%), a chamada Taxa Selic efetiva. Os bons Fundos DI rendem praticamente o mesmo ou, por vezes, um pouco mais. Por outro lado, como já comentado, existem péssimos Fundos DI no mercado que rendem muito abaixo da Taxa CDI e, por isso, devem ser totalmente evitados.

Em relação aos custos, eles precisam ser bem avaliados e comparados. Sobre os títulos do TD incidem duas taxas: uma cobrada pelo agente custodiante (de 0 a 1% ao ano) e outra pela B3 (0,30% ao ano). Já nos Fundos DI, temos apenas uma taxa, a de administração, porém, às vezes, ela é muito salgada: 2% ou mais. Como já dito, o ideal é uma taxa de administração inferior a 0,5% ao ano. Assim sendo, fica claro que o investidor precisa ficar atento e comparar as taxas antes de investir.

Uma dica: tenho uma aplicação pessoal num **Fundo DI da XP Investimentos**. Veja a Figura 4: a taxa de administração é baixa, 0,4% ao ano, e quase sempre esse fundo supera seu *benchmark*, no caso, a Taxa CDI. Assim, é mais vantajoso aplicar no Fundo DI do que na Taxa Selic, além do mais, é um pouco mais simples e o dinheiro cai na conta no mesmo dia. Problema: teoricamente o risco de crédito num Fundo DI é maior que no Tesouro Selic, especialmente nesse fundo, que contém ativos de crédito privado. Então, o que fazer? Sempre comento com meus leitores que devemos ter uma reserva de curto prazo de pelo menos seis meses. Usualmente, recomendo manter aplicado em Fundo DI duas vezes a despesa mensal média. Para o restante da reserva de curto prazo, sugiro manter no Tesouro Selic.

Figura 4: Fundo DI da XP Investimentos

[Imagem da tela de informações detalhadas do fundo "XP Referenciado FI Referenciado DI CP" com os seguintes dados:]

INFORMAÇÃO DETALHADA DO FUNDO

Aplicação Inicial Mínima	R$3.000,00
Movimentação Mínima	R$100,00
Saldo de Permanência no Fundo	R$500,00
Taxa de Administração	0,4%
Taxa de Performance	Não há
Tributação	Incidirá no último dia útil dos meses de maio e novembro de cada ano, ou no resgate, se ocorrido em data anterior
IOF	Começa com uma alíquota de 96% do rendimento e vai a ZERO para quem resgatar a partir do 30º dia da data da aplicação
Aplicação	D+0
Resgate - Cotização	D+0
Resgate - Liquidação Financeira	D+0
Horário para Aplicação e Resgate	14:00

RETORNO MENSAL DE 2018

	Janeiro	Fevereiro	Março	Abril	Maio	Junho	Julho	Agosto	Setembro	Outubro	Novembro	Dezembro
Fundo	0,57	0,46	0,52	-	-	-	-	-	-	-	-	-
CDI	0,58	0,46	0,53	-	-	-	-	-	-	-	-	-
% sobre CDI	98,28	100,00	98,11	-	-	-	-	-	-	-	-	-

RETORNO MENSAL DE 2017

	Janeiro	Fevereiro	Março	Abril	Maio	Junho	Julho	Agosto	Setembro	Outubro	Novembro	Dezembro
Fundo	1,10	0,89	1,08	0,80	0,95	0,82	0,78	0,79	0,64	0,65	0,56	0,55
CDI	1,09	0,87	1,05	0,79	0,93	0,81	0,80	0,80	0,64	0,64	0,57	0,54
% sobre CDI	100,92	102,30	102,86	101,27	102,15	101,23	97,50	98,75	100,00	101,56	98,25	101,85

Fonte: XP Investimentos (www.xpi.com.br).

FIQUE DE OLHO!

Nos últimos anos vários bancos e corretoras lançaram Fundos DI e Fundos atrelados exclusivamente ao Tesouro Selic, com baixíssimas taxas de administração, menos de 0,2% ao ano, sendo ótimas opções para investimentos de curto prazo. Cito como exemplos os produtos recentes lançados pelo BTG Pactual digital, um deles com taxa ZERO. Todavia, relembro que todos os Fundos não têm a cobertura do FGC. É preciso selecionar instituições financeiras sólidas no intuito de evitar eventuais problemas de solvência, além de acompanhar o rendimento destes fundos, mês a mês.

Títulos de Renda Fixa: A Importância do Dinheiro Líquido   25

As Vantagens do Tesouro Selic:

- É o investimento mais conservador do mercado.
- Baixo custo, especialmente quando você aplica seu dinheiro em corretoras que não cobram a taxa de custódia.
- O rendimento é vinculado à Selic.
- Liquidez imediata.
- Não tem sistema de "come-cotas".

As Desvantagens do Tesouro Selic:

- Não tem garantia do FGC.
- É preciso abrir uma conta numa corretora.
- Tributação de Imposto de Renda e IOF.

IOF e Imposto de Renda nos Fundos de Investimento

Para os títulos públicos (Tesouro Selic), Fundos de Investimentos e CDBs, a alíquota máxima do **IOF** (Imposto sobre Operações Financeiras) é de 1%, limitada apenas aos rendimentos. É cobrada quando o investidor resgata os recursos antes do prazo de 30 dias. Entretanto, essa alíquota é regressiva e proporcional ao número de dias que o dinheiro permaneceu no fundo, sendo decrescente até "zerar" com 30 dias. Veja a Figura 5:

Figura 5: Imposto sobre Operações Financeiras (IOF)

Tabela IOF = Regressiva de 30 dias

Nº Dias	Alíquota	Nº Dias	Alíquota	Nº Dias	Alíquota
1	96%	11	63%	21	30%
2	93%	12	60%	22	26%
3	90%	13	56%	23	23%
4	86%	14	53%	24	20%
5	83%	15	50%	25	16%
6	80%	16	46%	26	13%
7	76%	17	43%	27	10%
8	73%	18	40%	28	6%
9	70%	19	36%	29	3%
10	66%	20	33%	30	0%

www.investircadavezmelhor.com.br

Fonte: Adaptação do autor com dados da Receita Federal.

O Imposto de Renda (**IR**) é similar nessas modalidades de investimentos. As alíquotas são decrescentes em virtude do tempo de aplicação. No investimento com período inferior a 180 dias, paga-se 22,5% de IR sobre o rendimento; entre 181 dias e 360 dias, 20%; entre 361 e 720 dias, 17,5%; e acima de 720 dias, o percentual é de 15% (veja a Figura 6).

Figura 6: Imposto de Renda sobre os Fundos de Investimentos e demais produtos de renda fixa

FUNDO DE CURTO PRAZO (prazo médio igual ou inferior a 365 dias)		FUNDO DE LONGO PRAZO (prazo médio superior a 365 dias)	
Prazo de permanência	Alíquota	Prazo de permanência	Alíquota
até 180 dias	22,5%	até 180 dias	22,5%
acima de 180 dias	20,0%	de 181 a 360 dias	20,0%
		de 361 a 720 dias	17,5%
		acima de 720 dias	15,0%

Fonte: ANBIMA (www.anbima.com.br).

O sistema de **"come-cotas"** de tributação do IR refere-se ao fato de que, a cada seis meses, no último dia útil dos meses de maio e novembro, mesmo que o investidor não faça a retirada do dinheiro, o administrador recolhe o IR devido, simulando uma retirada total, reduzindo assim as cotas de cada investidor — o valor da cota permanece o mesmo. A alíquota é de 20% para fundos de curto prazo e de 15% para os de longo prazo. Ao término do período, dependendo do tempo do investimento, será feito o ajuste do IR.

Nas modalidades de investimento descritas até este momento, o recolhimento dos impostos é de responsabilidade exclusiva do agente financeiro (bancos e corretoras) e, usualmente, é cobrado no momento do resgate do dinheiro — Imposto de Renda Retido na Fonte (IRRF).

Até aqui comentei sobre os investimentos de curto prazo — menos de 12 meses. Antes de passar para outras modalidades, gostaria de citar alguns ativos que visam o médio prazo — horizonte entre 12 e 36 meses. Lembrando que já comentei sobre os CDBs emitidos por bancos menores com longo prazo de carência para regaste, que se encaixam perfeitamente nesta categoria: baixo risco e rendimento um pouco melhor que as aplicações de curto prazo.

Letras de Crédito Imobiliário

As Letras de Crédito Imobiliário (LCIs) são títulos privados de renda fixa, lastreados em créditos imobiliários e garantidos por hipotecas ou por alienação fiduciária de um imóvel, que dão aos seus portadores o direito de crédito pelo valor nominal, pelos juros e, se for o caso, pela atualização monetária. Na prática, são semelhantes aos CDBs e, por isso, são apelidadas pelo mercado de **"CDB Imobiliário"**, exceto que o rendimento é isento de imposto de renda.

A emissão é exclusiva de instituições financeiras com carteira de crédito imobiliário, autorizadas pelo Banco Central. As LCIs devem ser obrigatoriamente registradas na CETIP, sendo nominativas, transferíveis e de livre negociação no mercado secundário. São garantidas pelo emissor e pelo FGC. As LCIs também podem contar com garantia pessoal, tais como aval e fiança, adicional de instituição financeira. A maioria dos bancos e corretoras oferece esse produto, o que determinou a popularização desse investimento.

As Vantagens das LCIs:

- Baixo risco.
- Rendimento líquido de até 100% da Taxa CDI, em média, de 85 a 90%; quanto maior o valor aplicado e maior o prazo de carência, maior será o rendimento.
- Isenção de IR para pessoas físicas. A grande vantagem deste investimento.

As Desvantagens das LCIs:

- Prazo de carência para resgate. Portanto, a liquidez não é imediata.
- É comum a exigência de uma aplicação mínima, o que limita a ação do pequeno investidor.

É importante salientar que as Letras de Crédito do Agronegócio (LCA) são muito semelhantes às LCIs, porém possuem lastro em produtos agrícolas, como soja, milho, máquinas etc. Também rendem, em média, de 85 a 100% do CDI. As vantagens e desvantagens são rigorosamente as mesmas.

A seguir, veja nas Figuras 7 e 8 os títulos oferecidos, LCIs e LCAs, no portal da XP, no dia 10 de setembro de 2018.

Figura 7: LCIs de diferentes instituições financeiras

LCI Letra de Crédito Imobiliário				
Ativo	Carência	Vencimento	Taxa	Juros
LCI BRP	10/09/2021	10/09/2021	IPCA + 4.5%	Vencimento
LCI Original	14/03/2019	14/03/2019	93% CDI	Vencimento
LCI BRP	10/09/2020	10/09/2020	94% CDI	Vencimento
LCI BRP	10/09/2020	10/09/2020	IPCA + 4%	Vencimento
LCI Original	10/09/2019	10/09/2019	95% CDI	Vencimento
LCI Poupex	10/12/2018	10/09/2020	90% CDI	Vencimento

Figura 8: LCAs de diferentes instituições financeiras.

LCA Letra de Crédito do Agronegócio				
Ativo	Carência	Vencimento	Taxa	Juros
LCA Banco ABC	03/03/2020	03/03/2020	91% CDI	Vencimento
LCA Bancoob	07/02/2019	07/02/2019	88% CDI	Vencimento
LCA BTG Pactual	09/09/2021	09/09/2021	96% CDI	Vencimento
LCA BTG Pactual	10/09/2020	10/09/2020	94% CDI	Vencimento
LCA Banco ABC	10/09/2019	10/09/2019	90% CDI	Vencimento
LCA Bancoob	09/12/2018	05/09/2019	87% CDI	Vencimento

Meus Comentários:

1. Ambos os títulos são isentos de imposto de renda (IR) e garantidos pelo FGC, obviamente respeitando os limites de cobertura, já comentados.
2. Os prazos de carência variam entre seis meses e três anos, aproximadamente.
3. Perceba que o valor mínimo para investimento nas LCAs é de R$1 mil (acessível à maioria dos investidores). Quantias maiores devem respeitar os múltiplos do valor mínimo unitário.

Amortização	Rating	Agência	Quant. mínima	Preço unitário
Vencimento	-	-	5.000	R$1,00
Vencimento	BBB	Fitch	5	R$1.000,00
Vencimento	-	-	5.000	R$1,00
Vencimento	-	-	5.000	R$1,00
Vencimento	BBB	Fitch	5	R$1.000,00
Vencimento	-	-	1	R$1.000,00

Fonte: XP Investimentos (www.xpi.com.br).

Amortização	Rating	Agência	Quant. mínima	Preço unitário
Vencimento	AAA	S&P	50	R$1.000,00
Vencimento	AA-	Fitch	5	R$1.000,00
Vencimento	AA-	Fitch	5	R$1.000,00
Vencimento	AA-	Fitch	5	R$1.000,00
Vencimento	AAA	S&P	50	R$1.000,00
Vencimento	AA-	Fitch	5	R$1.000,00

Fonte: XP Investimentos — www.xpi.com.br

4. A maioria dos títulos é pós-fixada e atrelada à Taxa CDI. Apenas dois títulos são vinculados à inflação, acrescidos de uma taxa fixa de juros, semelhantes aos títulos do Tesouro IPCA, que estudaremos em breve. Teoricamente, os títulos pós-fixados vinculados à Taxa CDI (indiretamente à Taxa Selic) são os mais conservadores. Já os títulos atrelados ao IPCA entregam um rendimento real, ou seja, acima do processo inflacionário.

A seguir, veja nesta breve simulação na Figura 9 uma comparação do rendimento entre um CDB com rendimento de 100% do CDI e duas LCAs com rendimentos de 90 e 96% do CDI, respectivamente. Para tal exemplo, usei uma Taxa CDI de 6,4% ao ano, um investimento de R$10 mil e uma alíquota de 17,5% do IR (acima de 360 dias).

Figura 9: Comparação entre CDBs e LCAs

Ativos	CDB 100% CDI	LCA 90% do CDI	LCA 96% do CDI
Investimento	R$10.000,00	R$10.000,00	R$10.000,00
Valor total bruto	R$10.640,00	R$10.576,00	R$10.614,00
IR 17,5%	R$112,00	R$0,00	R$0,00
Rendimento	R$528,00	R$576,00	R$614,00

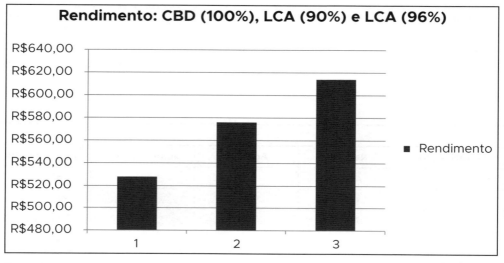

Fonte: Elaboração do autor.

Perceba que as LCAs, mesmo tendo uma taxa inferior de retorno, apresentam um rendimento muito maior do que na aplicação do CBD, em virtude da isenção de IR. Na primeira LCA, 90% do CDI, o retorno é cerca de 10% maior do que o do CBD, já na segunda, 96% do CDI, o retorno é quase 20% superior.

Por último, gostaria de citar o seguinte: se no futuro o governo federal acabar com a isenção fiscal, e isso pode ocorrer a qualquer momento, os títulos adquiridos antes da mudança continuarão com o benefício. Dessa forma, acredito que investir em LCI ou LCA é uma ótima opção para o médio prazo em virtude dos retornos interessantes e da cobertura do FGC, mas sabendo que usualmente o dinheiro aplicado ficará indisponível até o vencimento do título.

Debêntures

As empresas sociedades anônimas podem emitir títulos aos investidores (Debêntures), com o intuito de captar recursos no mercado para novos investimentos na empresa, para o fortalecimento do caixa operacional ou para o pagamento de dívidas de curto prazo. São títulos de renda fixa de médio e longo prazo — **"títulos de dívidas"** — emitidos por empresas não financeiras, que dão ao comprador o direito de crédito, ou seja, de receber numa data preestabelecida o capital investido acrescido de juros e correção monetária. Assim, cada Debênture representa uma fração da dívida total da empresa com os investidores.

A taxa de rentabilidade está intimamente relacionada ao grau de risco da operação. De uma maneira geral, o risco é determinado pelas agências internacionais de **rating.** Uma companhia classificada como "triplo A" (AAA) tem menor chance de **default** (calote) e, por isso, emite Debêntures com taxas de juros menores do que empresas de maior risco. Em geral, o rendimento das Debêntures é maior que o dos títulos públicos, em virtude do maior risco de crédito. Comumente, tem um longo prazo de carência, acima de três anos.

Algumas Debêntures podem ser conversíveis, ou seja, revertidas em ações da companhia após a data do vencimento. Ocasionalmente podem ser permutáveis, quando o credor pode transformar suas Debêntures em ações de outras empresas. O prazo mínimo de emissão é de um ano para as Debêntures simples (não conversíveis) e de três anos para as conversíveis. Não há prazo máximo pré-determinado.

Apesar de serem classificadas como títulos de renda fixa, as Debêntures podem ter características de renda variável, como prêmios, participação no lucro da empresa ou até mesmo ser convertidas em ações.

As empresas chamadas sociedades limitadas não têm o poder para emitir Debêntures. Para emiti-las, a empresa deve ter seu capital representado por ações, ou seja, ser uma empresa sociedade anônima (S.A.). Obrigatoriamente, a emissão de Debêntures por uma companhia deve ser aprovada pela assembleia geral de acionistas, e no caso das companhias de capital aberto, também deve ser registrada na CVM. Quando a emissão é feita através de oferta pública, o investidor poderá vendê-la para outro, antes do vencimento, transferindo sua titularidade. Geralmente, são títulos de baixa liquidez no mercado secundário.

Por último, gostaria de comentar sobre as "Debêntures incentivadas" regulamentadas pelo governo federal no começo desta década e que visam investimentos em infraestrutura. A grande vantagem delas para o pequeno investidor é a isenção do imposto de renda.

As Vantagens das Debêntures:

- Rendimento maior que o oferecido pelos títulos públicos.
- Isenção do imposto de renda nas chamadas "Debêntures incentivadas", voltadas à infraestrutura.

Figura 10: Debêntures de diferentes empresas

\multicolumn{4}{c}{**DEB Debênture**}
Ativo	Vencimento	Taxa	Juros
DEB MRS Logística	15/02/2022	IPCA + 4.25%	Anual, a partir de 15/02/2016
DEB CCR Rodovia dos Lagos	15/07/2020	IPCA + 4.65%	Semestral
DEB Celpa	15/12/2021	IPCA + 4.25%	Anual
DEB Petróleo Brasileiro S/A	15/08/2024	IPCA + 5.85%	Anual
DEB Copel Distribuição	27/10/2019	113.5% CDI	Anual
DEB AES Tiete	15/05/2030	IPCA + 5.55%	Semestral
DEB CEA II — Centrais Eólicas	15/06/2030	IPCA + 6.5%	Semestral
DEB CCR Via Oeste	15/11/2021	IPCA + 4.5%	Semestral
DEB JSL	15/06/2021	120% CDI	Semestral

As Desvantagens das Debêntures:

- São títulos de longo prazo e comumente com prazo de carência para resgate.
- Baixa liquidez do mercado secundário — venda do título antes do vencimento.
- Maior risco de crédito.
- Não têm cobertura do FGC.

Para finalizar o assunto, na Figura 10 temos a oferta de Debêntures incentivadas disponíveis no site da XP no dia 10 de setembro de 2018:

Amortização	Rating	Agência	Quant. mínima	Preço unitário
Anual, a partir de 15/02/2021	AA+	S&P	1	R$1.329,30
Vencimento	A2	Moody's	1	R$1.233,12
Vencimento	A+	Fitch	1	R$1.189,80
Anual, a partir de 15/08/2023	AA	Fitch	1	R$1.046,87
Anual, a partir de 25/10/2018	AA+	Fitch	1	R$10.760,72
Semestral	Aa1	Moody's	1	R$1.060,25
Semestral	Aa2	Moody's	1	R$1.049,25
Vencimento	AA+	Fitch	1	R$1.138,66
Anual	AA+	S&P	1	R$761,57

Fonte: XP Investimentos (www.xpi.com.br).

Meus Comentários:

1. As Debêntures incentivadas, voltadas à infraestrutura, são isentas de IR como as LCIs e LCAs.
2. Aqui, o prazo de vencimento dos títulos é um pouco maior do que nas LCIs e LCAs, três a seis anos, ou mais.
3. A taxa acordada somente é válida para os investidores que mantêm os títulos até o vencimento. A venda antecipada no mercado secundário pode gerar prejuízos.
4. O rendimento pode ser pós-fixado vinculado ao CDI ou atrelado ao IPCA acrescido de uma taxa fixa de juros (semelhante ao Tesouro IPCA).
5. Não têm cobertura do FGC.

Sem dúvida, é uma opção de investimento de médio/ longo prazo. Entretanto, para mim, o longo prazo de vencimento é um fator extremamente negativo, haja vista que o mercado secundário de títulos privados ainda é muito restrito e, como já comentado, a venda antecipada do título pode trazer resultados ruins para o investidor. Assim, não tenho esses ativos em carteira.

↳ Certificados de Operações Estruturadas

Antes de finalizar este capítulo, gostaria de tecer breves comentários sobre os certificados de operações estruturadas (**COEs**). Esses títulos foram introduzidos no mercado brasileiro em 2014. No final de 2015, depois da regulamentação da CVM, eles passaram a ter distribuição pública aos pequenos investidores.

O que são **COEs**? Oficialmente, são títulos de renda fixa, pois o banco emissor os utiliza como fonte de captação de recursos de terceiros, semelhantes aos CDBs, utilizando-os para empréstimos a outros investidores. Contudo, na prática, são títulos mistos que mesclam as características de ativos de renda fixa com as dos títulos de renda variável. Outro ponto característico desse ativo é que, usualmente, o agente emissor garante de volta ao investidor todo o capital investido, ou seja, num eventual "fracasso" da operação estruturada, o investidor terá seu dinheiro de volta. Por outro lado, o COE seguirá um *benchmark* pré-determinado, que pode ser uma ação, um índice de ações e a variação do dólar, entre muitos outros.

Vamos a um exemplo que facilitará o entendimento. A corretora "X" oferece um COE relacionado a um ativo específico, por exemplo, o S&P 500, que é um índice de ações do mercado americano. Esse COE apresenta os seguintes termos:

1. O prazo do investimento é de 24 meses, que representa o prazo de carência para o resgate. Nesse período, o ativo não terá liquidez alguma.
2. O desempenho da aplicação será vinculado à variação do **S&P 500** no período.
3. O capital protegido: se, ao final dos 24 meses, o índice tiver recuado, o emissor garante ao investidor o dinheiro de volta, porém sem correção monetária ou juros.
4. O agente emissor usualmente limita o ganho do investidor, por exemplo, o rendimento estará limitado a 20%. Assim, se o S&P subir mais do que o valor estipulado no período, o ganho será limitado ao "combinado" no contrato.

Esse foi um singelo exemplo. As regras são as mais variadas possível, e cada COE deve ser minuciosamente estudado pelo investidor antes de fazer a aplicação. Muitos pequenos investidores me perguntam como que o agente emissor garante o capital investido, mesmo se o ativo de base apresentar um forte recuo. A resposta é simples. O agente emissor aplicará a maior parte do investimento em renda fixa, por exemplo, 90% em Tesouro Selic. Esse montante acrescido de juros do período do investimento garantirá o retorno do capital investido ao final. O restante, 10%, será aplicado em derivativos que seguirão o *benchmark*. Daí o nome de "operação estruturada". Essa é a lógica do investimento.

As Vantagens das COEs:

- Permite ao pequeno investidor uma ampla diversificação, inclusive com ativos do mercado internacional.
- Os ganhos podem ser expressivos no médio prazo.
- O capital investido fica protegido.

As Desvantagens das COEs:

- O capital protegido não tem correção monetária ou juros.
- Existe um longo prazo de carência para resgate, isto é, não tem liquidez no período da aplicação.
- Risco de crédito por parte do agente emissor.
- Não têm cobertura do FGC.
- O rendimento não é conhecido no momento da aplicação: renda variável.
- Incidência de Imposto de Renda. A tributação é a mesma dos CDBs, dos Títulos Públicos e dos Fundos de Investimentos.

Terminamos aqui o capítulo de renda fixa, que tinha como objetivo principal a garantia do curto e médio prazo. Mantenha, pelo menos, seis meses de suas despesas mensais nas modalidades voltadas para o curto prazo. As minhas preferências pessoais para o curto prazo são o Tesouro Selic e um "bom" Fundo DI (baixa taxa de administração e boa performance — compare mensalmente com a Taxa CDI). Usualmente mantenho os dois ativos na minha carteira de curto prazo. Outra sugestão para a montagem de uma carteira de renda fixa é dividir o montante em partes iguais e aplicar nas modalidades citadas, aproveitando as diferenças entre elas. Se você não tem apego à poupança, retire-a de sua carteira: com certeza ela não fará falta. A partir daqui, discutirei as opções de investimentos que visam o longo prazo, o nosso principal objetivo. E, por último, mais uma vez: tenha muita cautela com os títulos privados de baixa liquidez e aqueles oferecidos por bancos de médio porte. Use os limites das garantias do FGC com parcimônia.

3
Tesouro Direto — Um Investimento Seguro, Rentável e de Fácil Acesso

↳ Generalidades

Os títulos públicos federais possuem a finalidade de captar recursos para o gerenciamento da dívida pública e financiar as atividades do governo federal, como a saúde, a segurança, a educação e a infraestrutura. São emitidos pelo Tesouro Nacional e oferecem rentabilidades variadas. São considerados títulos de baixíssimo risco de crédito pelo mercado financeiro — risco soberano — isto é, o menor risco do mercado.

O **Tesouro Direto** (TD) é um programa do Tesouro Nacional do governo federal em parceria com a Companhia Brasileira de Liquidação e Custódia (CBLC) e a B3 (nova nomenclatura da BM&FBOVESPA após a aquisição da CETIP), criado em janeiro de 2002 com o intuito de facilitar o investimento direto da população em títulos emitidos pelo governo federal. Desde então, é possível adquirir os títulos federais de maneira fácil e segura, sem sair de casa.

CURIOSIDADE

A antiga CBLC foi "incorporada" à Bolsa de Valores de São Paulo e passou a se chamar **Câmara de Ações da B3,** mantendo a finalidade de controlar as transações do TD e a custódia dos títulos.

Na primeira década da implantação do TD, os resultados obtidos foram tímidos. Apenas uma pequena parte da população se interessou pelos títulos. Contudo, a partir de 2015, com a decadência da Caderneta de Poupança, houve um salto significativo nos investimentos das pessoas físicas no TD. Felizmente, os brasileiros começaram a entender a grande importância de investir em títulos públicos e, por conseguinte, reduziram os investimentos na caderneta de poupança.

Pré-requisitos para o Investimento

Ser cidadão brasileiro e residente no Brasil, possuir um CPF e abrir uma conta em algum agente custodiante, isto é, abrir uma conta numa corretora de valores ou num banco credenciado pela B3 — no site do TD você encontra todos os agentes credenciados.

De uma maneira geral, a abertura de uma conta é um procedimento bastante rápido, sem grandes aborrecimentos. Sugiro que você faça numa corretora independente, pois a taxa de administração é bem menor. Algumas corretoras sequer cobram essa taxa, mas sugiro evitar as corretoras desconhecidas.

Depois do credenciamento, você receberá um login e uma senha para operar diretamente no site do TD ou na própria corretora. O processo de compra é muito simples, como veremos em breve. Tenho títulos custodiados pela Itaú Corretora e pela XP Investimentos, em ambas a compra dos títulos é feita diretamente no site da corretora, pois são agentes integrados.

FIQUE DE OLHO!

Essa corretora será a mesma usada para a compra dos demais ativos comentados neste livro, incluindo o mercado acionário.

O valor mínimo a ser aplicado é uma fração de 0,1 do valor do título, ou seja, 10% do preço de mercado do título. Desde junho de 2012, o limite máximo mensal permitido para compras passou de R$400 mil para R$1 milhão por CPF. Não há limites para a venda de títulos.

Tesouro Direto — Um Investimento Seguro, Rentável e de Fácil Acesso

⤳ Taxas Envolvidas

São apenas duas as taxas que incidem sobre a compra e venda dos títulos do TD. A primeira refere-se à taxa anual cobrada pelo agente custodiante — a **taxa de administração**. De uma maneira geral, essa taxa é baixa e está disponível aos investidores no site do TD. Comumente, a taxa de administração nas corretoras vinculadas aos grandes bancos é um pouco maior do que nas corretoras independentes. Apesar do pequeno valor das taxas, as "sutis diferenças" entre elas podem fazer muita diferença no resultado final do longo prazo. Portanto, evite as taxas abusivas e opte por corretoras tradicionais e mais sedimentadas. Veja na Figura 11 a simulação que fiz para um investimento de longo prazo. A primeira com taxa de administração de 0,45% (Itaú Corretora — clientes do segmento Personnalité) e a outra com taxa zero (XP Investimentos). Ao excluir a taxa de administração (de 0,45% para taxa zero), neste exemplo, o investidor deixaria de pagar cerca de 50 mil reais. Que tal?

Figura 11: Comparação entre taxas de administração para investimento em Títulos Públicos

Fonte: Elaboração do autor com dados da XP Investimentos e Itaú Corretora em 2016 (www.xpi.com.br e www.itaucorretora.com.br), utilizando a calculadora no site do Tesouro Direto (http://www.tesouro.fazenda.gov.br/tesouro-direto-calculadora).

No segundo semestre de 2018, alguns dos maiores bancos do país, incluindo o Itaú, anunciaram "taxa zero" de administração para investimentos no Tesouro Direto, em linha com as corretoras independentes, beneficiando os investidores.

IMPORTANTE

Os títulos comprados pertencem ao investidor e estarão sob custódia da Câmara de Ações da B3. Mesmo com a eventual quebra da corretora, os títulos pertencem aos investidores e podem ser transferidos para outros agentes. Como o processo pode gerar algum transtorno, o ideal é escolher uma corretora idônea.

A segunda é a **taxa de custódia** cobrada pela B3, visando custear a guarda dos títulos públicos, das despesas relativas às negociações e aos custos administrativos. A taxa de custódia é de 0,3% ao ano, provisionada diariamente a partir da liquidação, sendo cobrada de forma ***pro rata***, isto é, relativa aos dias efetivamente usados pelo investidor, semestralmente, sempre no primeiro dia útil dos meses de janeiro e julho. Valores inferiores a R$10 são acumulados para uma futura cobrança.

FIQUE DE OLHO!

Para as corretoras que cobram a taxa de administração, a cobrança usualmente é feita da seguinte maneira: no ato da compra do título, a corretora fará o débito total da taxa anual. Essa taxa somente será cobrada novamente após o vencimento dos 12 meses, e assim por diante. Por outro lado, a taxa de custódia da B3 somente será cobrada no primeiro dia dos meses de janeiro e julho, de maneira *pro rata*, como já comentado.

Não existe taxa para abertura de conta no TD nem para manutenção de contas desprovidas de títulos ("contas inativas"). As taxas incidem somente sobre o valor dos títulos comprados.

Nova Nomenclatura dos Títulos do TD

Em 2015, o Tesouro Nacional divulgou seu novo site, apresentando alterações relevantes no programa de venda direta dos títulos públicos. E as mudanças foram boas. Vejamos as principais.

O Tesouro recomprará os títulos diariamente, a preço de mercado. Assim, o investidor que desejar ou precisar, poderá vender seus títulos em qualquer dia, o que aumenta a liquidez desse investimento. Antes, as vendas eram permitidas somente às quartas-feiras. A efetivação da transação ocorrerá no primeiro dia útil seguinte.

Houve também alteração no nome dos títulos, o que facilita a compreensão por parte dos pequenos investidores. O nome do título faz uma clara referência à classe do ativo. Por exemplo: o **Tesouro Prefixado**, anteriormente, denominado de **LTN** (Letras do Tesouro Nacional), remunera o investidor com juros prefixados.

Veja os títulos disponíveis:

- **Tesouro Prefixado (LTN)** = Juros prefixados.
- **Tesouro Prefixado com Juros Semestrais (NTN-F)** = Juros prefixados com pagamento de cupons semestrais.
- **Tesouro Selic (LFT)** = Selic (pós-fixado).
- **Tesouro IPCA* (NTN-B Principal)** = Juros fixos + IPCA (inflação).
- **Tesouro IPCA com Juros Semestrais (NTN-B)** = Juros fixos + IPCA, com pagamento de cupons semestrais.

FIQUE DE OLHO!

Mesmo com a mudança da nomenclatura dos títulos, é importante que o pequeno investidor tenha familiaridade com os termos antigos, pois eles ainda são amplamente usados pelos participantes do mercado financeiro, e por esse motivo escolhi continuar usando ambas as nomenclaturas. Os nomes antigos estão sedimentados na cabeça dos agentes financeiros, e o site do TD optou por manter as duas nomenclaturas.

Em dezembro de 2016, o Tesouro Nacional fez algumas mudanças interessantes no programa, ampliando o horário de vendas nos dias úteis: agora, das 9h30 às 5h da manhã do dia seguinte. Mas atenção, nas vendas ocorridas em horário de pregão (dias úteis entre 9h30 e 18h), o preço de venda será o mesmo praticado pelo mercado naquele instante. Já nos demais horários, a venda será feita pelo preço de abertura do próximo dia útil. Foi lançado também um aplicativo para gerenciamento dos investimentos e negociações, dentre outras novidades.

O Sistema de Remuneração dos Títulos é Conhecido no Ato da Aplicação

Nos títulos do TD, o rendimento é previamente conhecido (renda fixa) basta que você respeite rigorosamente o prazo de vencimento do mesmo. Exemplos: nas Letras do Tesouro Nacional (LTN), a taxa de retorno é prefixada; nas Letras Financeiras do Tesouro (LFT), o retorno é indexado à Selic; já nas Notas do Tesouro Nacional, Série B (NTN-B), o rendimento é misto: uma taxa de juros prefixada, acrescida da inflação (IPCA) do período. Dessa forma, temos uma grande vantagem do TD sobre outros produtos do mercado de capitais: o conhecimento prévio do rendimento futuro, além do que o investimento em NTN-B tem um rendimento real, ou seja, sempre acima da inflação.

Temos também disponível no site do TD uma calculadora, na qual você poderá fazer simulações de investimentos e o valor futuro dos mesmos. Basta inserir os dados solicitados. O único dado que é subjetivo é a inflação futura; usualmente, coloco o centro da meta do Copom, 4,5% ao ano. Veja na Figura 12 o painel de simulação no site do TD:

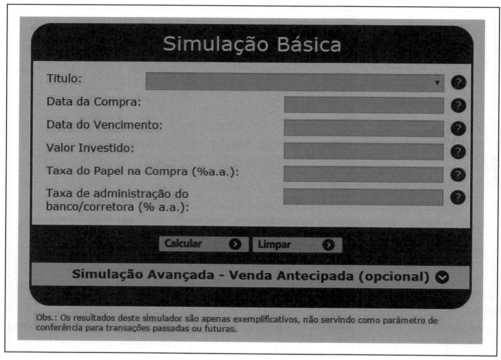

Figura 12: Calculadora de simulação para investimentos em Títulos Públicos

Fonte: Tesouro Direto (http://www.tesouro.fazenda.gov.br/tesouro-direto-calculadora).

Principais Características dos Títulos Disponíveis

Como já comentado, podem ser títulos prefixados, pós-fixados ou mistos (parte da remuneração é prefixada, e a outra, pós-fixada), sendo que os dois últimos são vinculados à Selic e ao IPCA, respectivamente. Desde 2006, o Tesouro Nacional parou de emitir títulos vinculados ao IGPM — Notas do Tesouro Nacional, Série C — atualmente, apenas os recompram. Veja as características básicas de cada título.

Tesouro Prefixado — Letras do Tesouro Nacional (LTN)

São títulos prefixados e de médio prazo, atualmente com vencimento em 2022 e 2025. Não pagam cupons semestrais: o valor aplicado e os juros serão pagos exclusivamente no vencimento do título (veja na Figura 13). São boas opções quando o viés da Taxa Selic é de estabilidade ou, principalmente, de queda. Em períodos de alta da Selic, ou expectativa de alta, esses títulos sofrem deságio em caso de venda antecipada, como veremos em breve.

Figura 13: Fluxo de recebimento em uma aplicação no título Tesouro Prefixado LTN

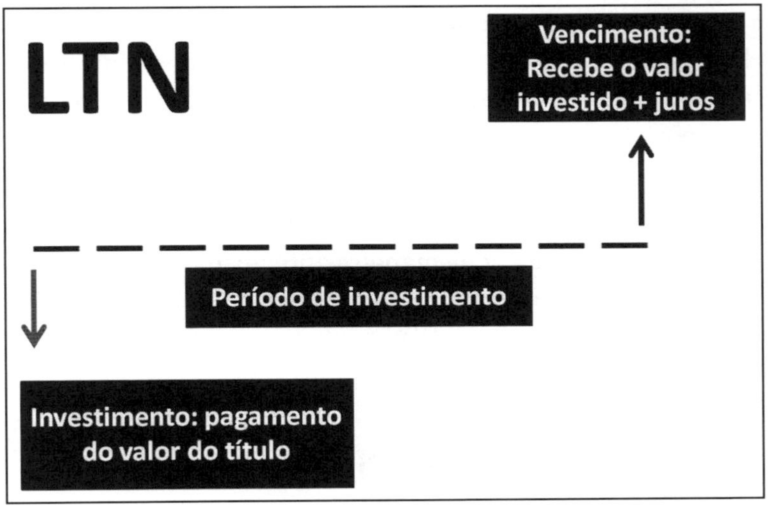

Fonte: Elaboração do autor.

Tesouro Prefixado com Juros Semestrais — Notas do Tesouro Nacional, Série F (NTN-F)

Também são títulos prefixados, porém com o vencimento mais longínquo. Outra característica desses títulos é o pagamento antecipado de juros através de cupons semestrais. São títulos visados por pessoas que necessitam de rendimentos periódicos. Os investidores estrangeiros também investem nesses títulos, porém compram diretamente do Tesouro Nacional, haja vista que o TD é exclusivo para o investidor brasileiro.

Letras Financeiras do Tesouro (LFT) — Tesouro Selic

São indexados exclusivamente à Selic e, por isso, são considerados os títulos mais conservadores, como já apresentados no capítulo de renda fixa. Não sofrem ágios ou deságios bruscos. Têm vencimento de médio prazo. Numa analogia, funcionam como os Fundos DI e são, portanto, indicados em períodos de incerteza sobre a Taxa Selic e para investimentos que visam o curto prazo.

Tesouro IPCA — Notas do Tesouro Nacional, Série B (NTN-B)

São títulos mistos, pré e pós-fixados, alguns com vencimento no médio prazo e outros com vencimento mais longínquo, até 2050. Como são títulos vinculados à inflação, têm a garantia de um ganho real, acima da inflação. São os títulos mais indicados para os investidores que visam à aposentadoria.

As **NTN-B "puras"** pagam juros semestrais (**Tesouro IPCA com juros semestrais**). Já na **NTN-B Principal** não há pagamento dos cupons semestrais. Os juros são "reinvestidos" automaticamente, e não se paga IR de maneira antecipada. Portanto, para os pequenos investidores que não precisam de rendimentos periódicos e que têm como objetivo a aposentadoria, esses últimos são os títulos mais indicados. Deixe os juros compostos trabalharem por você!

↳ Um Pouco sobre a Precificação dos Títulos

Precificar um Título Público nem sempre é uma tarefa fácil. É um assunto complexo e enfadonho. E pior, conhecer detalhes pormenorizados é desnecessário. O fundamental é entender o que chamo de "**dinâmica da precificação**", que comentarei aqui.

A seguir, os quesitos que realmente são importantes para o investidor. Mais uma vez, as questões matemáticas detalhadas são cansativas e desnecessárias. Não gaste seu tempo com conhecimentos pouco práticos. Deixe-os para os economistas e demais profissionais do mercado. Mas se você é um investidor criterioso e interessado nos mínimos detalhes, indico o livro dos autores Samy Dana e Miguel Longuini: *Em Busca do Tesouro Direto*. Nele, você encontrará o passo a passo na precificação de um título público. O site do TD também tem todas as diretrizes de precificação. Boa sorte. Passemos, então, para os entendimentos mínimos necessários para o sucesso do investidor comum.

Tesouro Prefixado — LTN

São os títulos mais simples de entender. O preço de face, valor nominal, é de **R$1 mil**, que será pago ao investidor ao final do contrato no vencimento do título. Ao comprar esse ativo, o pequeno investidor desembolsa uma parte do valor nominal, que é o preço de face descontado um deságio, calculado a partir da taxa de juros vigente naquele dia, através de uma fórmula matemática simples. Complicado? Vamos a um exemplo prático que você entenderá de maneira mais fácil: você abre o site do TD e pesquisa por uma LTN com vencimento em 2023. Lá, você encontra o valor de R$800. Assim, para cada título comprado, você investirá R$800 e receberá, ao final, R$1 mil no vencimento. Simples! Veja a seguir a Figura 14:

Figura 14: Fluxo de recebimento em uma aplicação no título Tesouro Prefixado LTN 2023

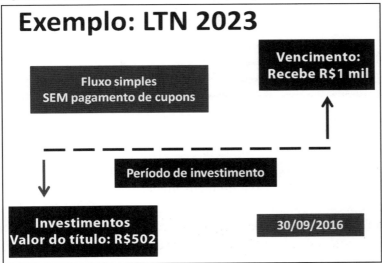

Fonte: Elaboração do autor com informações do Tesouro Direto (www.tesouro.fazenda.gov.br/tesouro-direto).

Para a precificação do título, basta inserir na fórmula a taxa de juros vigente naquele dia (marcação a mercado), expressa em casas decimais (para 12%, inserir na fórmula 0,12), e a quantidade de dias restantes para o vencimento. Por isso o deságio do título. É óbvio que para nós, simples mortais, essas contas são desnecessárias. Basta entender o deságio e saber que você receberá R$1 mil no vencimento por título adquirido. Não complique! Relembrando que as LTN têm fluxo simples, ou seja, você receberá o montante aplicado, e os juros, somente no vencimento. Portanto, não há pagamento de cupons semestrais.

Figura 15: Fórmula de cálculo do preço atual de LTN

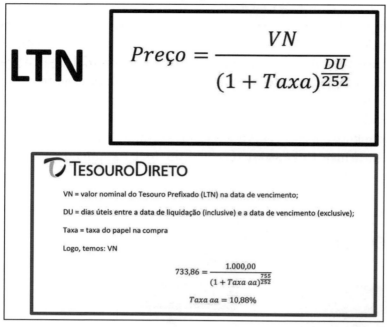

Fonte: Adaptação do autor com informações do Tesouro Direto (www.tesouro.fazenda.gov.br/tesouro-direto).

Na Figura 15, temos a fórmula de cálculo das LTN. Para calcular o preço atual do título, basta inserir o VN (R$1 mil), a taxa de juros vigente (disponível na hora da compra) e o número de dias úteis restantes para o vencimento; você precisa calcular, lembrando que, para o Tesouro, a base anual é 252 dias úteis por ano. Podemos também fazer o inverso: sabendo o preço atual do título, podemos chegar à taxa de juros. Reveja o exemplo do próprio site do TD.

NTN-F

O cálculo do Título Prefixado NTN-F é um pouco mais complicado, mas a lógica é a mesma, porém, com uma diferença básica: esse título remunera o investidor pagando juros antecipados, através dos cupons semestrais (veja na Figura 16). O Tesouro Nacional oferece ao investidor o pagamento de cupons semestrais equivalentes a uma taxa de juros de 10% ao ano, independentemente da Taxa Selic vigente. Assim, se o cupom fosse pago anualmente, o investidor receberia R$100 por cada título comprado, pois o valor nominal desse título, como nas LTN, é de R$1 mil. Contudo, como o pagamento dos cupons é semestral, o investidor receberá a metade disso. Ou melhor, um pouco menos por se tratar de juros compostos (4,88% por semestre): o valor exato do cupom semestral nas NTN-F é de R$48,8089. No vencimento, o investidor receberá o cupom semestral e o valor de face (valor nominal) do título, ou seja, R$1.048,8089.

Figura 16: Fluxo de recebimento em uma aplicação no título Tesouro Prefixado NTN-F 2027

Fonte: Elaboração do autor com informações do Tesouro Direto (www.tesouro.fazenda.gov.br/tesouro-direto)

IMPORTANTE:

Como a taxa de remuneração do cupom é fixa, e a taxa de juros no mercado é variável, o título será comprado com maior ou menor ágio, semelhante ao que ocorre nas LTN: quanto maior a taxa de juros, menor será o preço de aquisição, e vice-versa.

Não entrarei em mais detalhes, pois considero que esse título tem pouca importância para o pequeno investidor. Quando chegar a hora de investir em títulos prefixados (comentaremos em breve), prefira o Tesouro Prefixado — LTN.

Tesouro Selic — LFT

Compliquemos um pouco mais. Primeiro, as LFT são títulos pós-fixados. Segundo, eles não pagam cupons semestrais. Terceiro, têm rendimento diário. Em raras ocasiões, podem ter um deságio diário, mas não se preocupe com essa informação, pois no médio e longo prazos esse aspecto é desprezível.

Assim, todos os dias o título se valorizará, baseado na Taxa Selic. Como? A remuneração é baseada na Taxa Selic anual, provisionada diariamente, com um mínimo deságio: cerca de 0,10% sobre a taxa anual, ou seja, o rendimento diário é provisionado a partir de uma taxa efetiva: o preço unitário de hoje é remunerado diariamente pela **Taxa Selic Efetiva**.

Num passado distante, o preço unitário de face das LFT também foi de R$1 mil, mas com a evolução dos rendimentos (correção pela Taxa Selic), atualmente, cada título vale cerca de R$9.400 (VNA, valor nominal atualizado, da LFT). Lembrando que você poderá comprar o título inteiro ou uma fração dele (mínimo de 10% do valor do título). Então, você me pergunta: dá para saber o valor exato no vencimento? Não, lembre-se de que ele é um título pós-fixado.

E se a Selic subir? Ele valoriza. E se a Selic cair? Ele também valoriza, mas um pouco menos, é verdade. Portanto, a rentabilidade é sempre positiva. Por essa característica, o Tesouro Selic é considerado o título mais conservador, sem movimentos bruscos, mesmo em cenários de inflexão da Taxa Selic.

Resumindo: compraremos o título por R$9.400, cotação atual, e o venderemos por R$10 mil, R$12 mil ou mais no futuro, mas não sabemos quando isso acontecerá. Será um processo paulatino, e a velocidade dos ganhos diários depende da Taxa Selic. Se o título vencer e você quiser continuar no investimento, basta comprar a série seguinte. Para mais informações sobre os cálculos desse título, acesse o site do TD.

FIQUE DE OLHO!

Até aqui, sabemos que no Título Prefixado travamos o valor futuro do título e o preço unitário de hoje oscila de acordo com a taxa de juros vigente (deságio). No título pós-fixado, o cenário é o contrário, sabemos o valor presente, mas o preço futuro, não; apenas sabemos que o valor do título será corrigido diariamente de acordo com o indexador do título, no caso do Tesouro Selic, a própria Taxa Selic. A seguir, veremos que o Tesouro IPCA é corrigido diariamente por outro indexador, o IPCA.

Tesouro Inflação — NTN-B

Aqui está a "pedra no sapato" na precificação dos Títulos Públicos. Confesso que acho bem complicada a matemática pormenorizada desse título — e não me faz falta nas minhas decisões: muita teoria para pouco resultado. Na verdade, o assunto até que não é tão complicado, mas é muito, muito enfadonho. Faça como eu, deixe os mínimos detalhes para lá. Vamos ao que interessa. Sejamos práticos. A seguir, cito os aspectos mais importantes, em pequenos tópicos, visando facilitar a compreensão do tema:

1. O Tesouro IPCA (NTN-B) é um título misto, portanto, ele tem um componente prefixado (taxa de juros preestabelecida no ato da compra) e outro pós-fixado (IPCA).

2. Essa categoria de título pode distribuir ou não cupons semestrais. Lembre-se: as NTN-B puras pagam cupons semestrais; em contrapartida, a Série Principal não. Para efeito de entendimento da precificação, esqueçamos esse detalhe. A lógica é a mesma!

3. O componente prefixado funciona com no Tesouro Prefixado. Dependendo da taxa de juros, no ato da compra, calcula-se um deságio sobre o valor do título (VNA = valor nominal atualizado, que comentarei em breve), que será maior ou menor, de acordo com a taxa de juros vigente. Dessa forma, se a taxa de juros for de 5%, você comprará o título com certo deságio. Mas se a taxa subir para 8%, você comprará com um deságio ainda maior. E se houver queda na taxa de juros? O deságio será menor. Simples. Na verdade, as contas são um pouco mais complexas, pois o correto é calcular uma porcentagem do preço unitário (PU) do título, isto é, com o deságio aplicado sobre o PU, você terá de pagar uma porcentagem, por exemplo, 90% do PU. Calma, não desista. Volto ao tópico em breve.

4. Componente pós-fixado: o título será reajustado diariamente pela inflação. Para isso, os agentes financeiros criaram o **VNA** (valor nominal atualizado). Esse índice, divulgado no site da **ANBIMA** (Associação Brasileira das Entidades dos Mercados Financeiro e de Capitais), começou também pelo valor de face em R$1 mil no dia 15/07/2000, sua data-base, e atualmente, vale pouco mais de três mil reais: reajustado pela inflação de todo o período. Mas, como a ANBIMA atualiza esse índice diariamente, se o IPCA é divulgado mensalmente? É feita uma previsão diária da inflação estimada que, após a saída do dado oficial, é corrigida (ajustada).

5. Como comentado, a cotação diária do título muda pelo deságio baseado na taxa de juros vigente. Simples: numa maior taxa de juros, teremos um maior deságio, e, assim, o título ficará mais barato, e vice-versa. Use a mesma fórmula do prefixado, porém, ao invés de colocar R$1 mil do valor de face, use 100%. Dessa forma, você chegará a uma porcentagem do preço unitário. Por exemplo, numa hipotética taxa de juros de 12%: **100%/[(1 + 0,12)^1] = 89,28%**.

6. Portanto, para chegarmos ao preço do título, basta multiplicar o VNA do dia pela porcentagem do PU que você calculou, sempre baseada no deságio aplicado. Neste exemplo: 89,28% x R$3.065, e o preço de mercado do título será de R$2.736,43. Ufa!

7. Como na NTN-B Série Principal você não recebe os cupons semestrais, o preço unitário é muito menor que o da NTN-B pura.

8. Mesmo que tenha ficado confuso, e isso é muito provável, não se desespere, pois o mais importante é saber que quando você compra esse título, ganhará em duas frentes: com a taxa de juros e com a inflação. A taxa de juros é fixa e pactuada na compra do título (como já demonstrei, o título é comprado com deságio, igualmente ao Título Prefixado). Já a inflação, é variável e reajusta o título diariamente (reajuste semelhante ao processo do Tesouro Selic, porém aqui o reajuste é feito pelo IPCA).

9. Sendo assim, esse título é indicado para os períodos de alta da inflação? A resposta é... Não. Por dois motivos: primeiro, a correção pela inflação apenas repõe seu prejuízo (a inflação é o pior tributo de todos, pois corrói seu poder de compra); segundo, uma inflação em alta pode gerar expectativa de aumento da Selic e, por conseguinte, dos juros futuros. Assim, o valor do título terá deságio em caso de venda antecipada. Sempre é bom repetir que o ágio ou deságio da cotação diária somente será efetivado se o pequeno investidor vender o título antes da data do vencimento.

10. A maior qualidade da NTN-B é obter um ganho real, acima da inflação, por isso, é o título mais indicado para você se aposentar.

11. Não sei se cumpri a missão. Espero que sim. Se não, releia o texto ou leia o livro que indiquei antes, pois lá os cálculos matemáticos são pormenorizados. Mais uma vez, boa sorte. Não desista!

12. Para finalizar, um último conceito amplamente difundido no mercado financeiro: a **inflação implícita**. É a inflação esperada no futuro e já precificada pelo mercado. Apesar de as contas serem um pouco mais complexas, *grosso modo*, basta diminuir da taxa de juros dos títulos prefixados a taxa de juros das NTN-B. Assim, se as LTN estiverem pagando 12% ao ano, e as NTN-B 6%, a inflação implícita estimada para o período está em cerca de 6% (como já dito, na verdade, um pouco menos, se usarmos a fórmula corretamente).

Antes de terminar este tópico, veja o fluxo de caixa dos dois títulos nas Figuras 17 e 18, retiradas do site oficial do TD.

Figura 17: Fluxo de recebimento do título Tesouro IPCA+ com juros semestrais — NTN-B

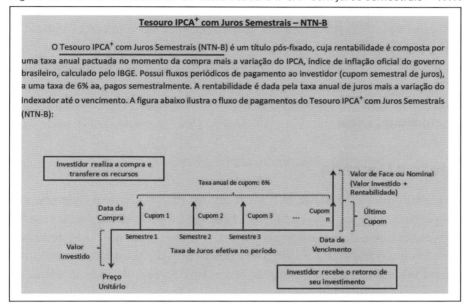

Fonte: Retirado do site do Tesouro Direto (www.tesouro.fazenda.gov.br/tesouro-direto).

Figura 18: Fluxo de recebimento do título Tesouro IPCA+ (NTN-B Principal)

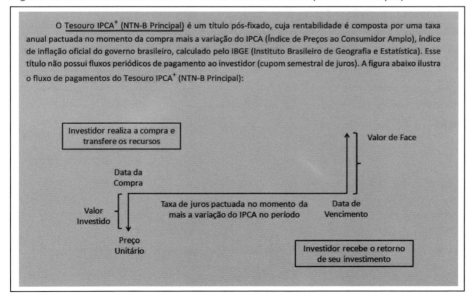

Fonte: Retirado do site do Tesouro Direto (www.tesouro.fazenda.gov.br/tesouro-direto).

↳ Liquidez

Como já comentado, uma excelente vantagem dos títulos do TD é a liquidez. Desde 2015, os títulos podem ser vendidos diariamente. O Tesouro Nacional oferece a oportunidade para o investidor vender seus títulos a preço de mercado, garantindo, assim, a total liquidez desses ativos. Portanto, se após o investimento você precisar vender seus títulos, será uma tarefa fácil. Mas fique atento, nesses casos, o Tesouro recomprará seu título pelo valor de mercado, e não pelo valor pré-acordado (**marcação a mercado**). Aqui está o componente de renda variável dos títulos do TD e que podem gerar oportunidades de ganhos fantásticos em prazos curtos, ou de prejuízos. Entenda esse aspecto nos próximos tópicos.

↳ Marcação a Mercado

Vários fatores econômicos influenciam nos preços dos títulos públicos federais: a Selic, a expectativa futura da Taxa Selic, os juros DI futuros, a estimativa inflacionária e a relação entre a oferta e a demanda pelos títulos (a saber: além do canal de venda do TD, o Tesouro Nacional negocia a maior parte dos títulos diretamente com os investidores institucionais através de leilões que ocorrem no decorrer de cada semana), entre outros fatores. É sempre bom lembrar que está embutido no valor do título um prêmio de risco; assim, os títulos mais longos carregam um maior risco, e eles têm, portanto, um maior prêmio. Comento a seguir, as principais variáveis que influem diretamente no preço dos títulos do TD:

1. A Taxa Selic (Taxa Selic Meta), sem dúvida, é o esqueleto de tudo no mercado financeiro, sem exageros. Todos os ativos negociados no Brasil sofrem a influência da taxa básica de juros; uns mais, outros menos. Talvez os títulos públicos sejam os mais afetados pela movimentação da Taxa Selic. Lembrando que a taxa básica de juros à vista, spot, é determinada exclusivamente pelo BACEN, e que é a principal ferramenta de política monetária no controle da inflação. Reveja, na Figura 19, a evolução da Selic de 2011 a 2018.

Tesouro Direto — Um Investimento Seguro, Rentável e de Fácil Acesso   53

Figura 19: Variação na Taxa Selic no período de 2011 a 2018

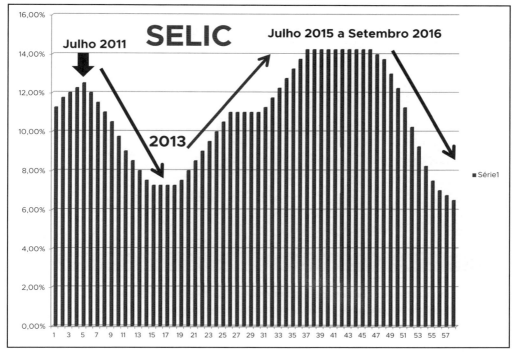

Fonte: Elaboração do autor com dados do BACEN (www.bcb.gov.br).

2. Taxa de juros futuros (DI Futuro): mesmo que derivada da Selic, é uma taxa "gerada" pelo próprio mercado e com vários vencimentos futuros (vencimentos anuais). Um verdadeiro consenso entre os agentes, inclusive ela é livremente negociada nos dias úteis, e seu valor final reflete o consenso entre os participantes — compradores e vendedores de taxas de juros. Usualmente, em cenários calmos e previsíveis, ela acompanha a Selic com um acréscimo: um prêmio. Quanto mais distante o vencimento, maior o prêmio. Por outro lado, em cenários nebulosos, a taxa de juros futuros pode disparar, como ocorreu no segundo semestre de 2015. Num cenário oposto de melhoras das expectativas, a taxa de juros futuros cai abaixo da Selic, como ocorreu em outubro de 2016 (Taxa Selic a 14,25% e juros futuros a 11,5%), pois a inflação estava caindo e o mercado já precificava um novo ciclo de queda da Selic. A cotação dos juros nos títulos prefixados e mistos é estreitamente relacionada à taxa de juros futuros. Veja na Figura 20 a evolução dos juros futuros de 2011 a 2018. Depois, volte na figura anterior e faça uma comparação com a curva da Selic. Perceba que elas são muito correlatas, porém, nos momentos de inflexão da taxa (virada), os juros futuros "andam na frente", e esse ponto é muito importante na precificação dos títulos.

Figura 20: Variação dos juros futuros (DI Futuro) no período de 2011 a 2018

Fonte: Elaboração do autor com dados oriundos do software de análise gráfica Profitchart RT, da empresa Nelógica (www.nelogica.com.br).

3. A influência da inflação é indireta, mas muito importante. Se tivermos uma perspectiva de alta inflacionária, os juros tendem a subir. Num cenário oposto, eles tendem a cair.

4. Rigor fiscal do governo federal. Talvez seja o pilar dos juros de um país. Um governo gastador "merece" uma alta taxa de juros. Simples: aumenta-se a probabilidade de calote. Com isso, os agentes de mercado exigem maiores retornos no intuito de compensar o risco. Assim, fica claro que, para o Brasil oferecer juros menores, o governo federal precisa, urgentemente, controlar seus gastos.

Logo, gostaria de deixar a simples mensagem, mas a mais relevante de tudo: juros em alta, preço unitário dos títulos em queda. Juros em baixa, títulos em alta. É uma relação totalmente inversa. Veja as Figuras 21 e 22.

Tesouro Direto — Um Investimento Seguro, Rentável e de Fácil Acesso   55

Figura 21: Juros x preço unitário dos títulos (juros em perspectiva de alta)

Fonte: Elaboração do autor.

Figura 22: Juros x preço unitário dos títulos (juros em perspectiva de queda)

Fonte: Elaboração do autor.

Títulos Disponíveis

A Figura 23 mostra a oferta de títulos públicos federais no dia 3 de maio 2019, no site do TD. Na primeira coluna, temos o nome do título e o fator de correção; na segunda, temos o vencimento; na terceira, a taxa de juros (ao ano); na quarta, o valor mínimo (fração de 0,1), e na quinta, o preço unitário para a compra naquele dia.

Figura 23: Títulos públicos disponíveis em 3 de maio de 2019

Título	Vencimento	Taxa de Rendimento (% a.a.)	Valor Mínimo	Preço Unitário
Indexados ao IPCA				
Tesouro IPCA+ 2024	15/08/2024	4,04	R$52,27	R$2.613,68
Tesouro IPCA+ 2035	15/05/2035	4,39	R$32,41	R$1.620,77
Tesouro IPCA+ 2045	15/05/2045	4,39	R$31,67	R$1.055,97
Tesouro IPCA+ com Juros Semestrais 2026	15/08/2026	4,07	R$36,41	R$3.641,85
Tesouro IPCA+ com Juros Semestrais 2035	15/05/2035	4,30	R$39,30	R$3.930,43
Tesouro IPCA+ com Juros Semestrais 2050	15/08/2050	4,41	R$41,16	R$4.116,78
Prefixados				
Tesouro Prefixado 2022	01/01/2022	7,68	R$32,84	R$821,17
Tesouro Prefixado 2025	01/01/2025	8,66	R$31,26	R$625,22
Tesouro Prefixado com Juros Semestrais 2029	01/01/2029	8,87	R$33,11	R$1.103,97
Indexados à Taxa Selic				
Tesouro Selic 2025	01/03/2025	0,02	R$100,77	R$10.077,66

Fonte: Tesouro Direto (www.tesouro.fazenda.gov.br/tesouro-direto).

A oferta e o valor dos títulos, bem como as taxas de juros, podem oscilar a cada dia, por vezes, no mesmo dia, de acordo com as perspectivas do mercado (marcação a mercado). Em períodos de instabilidade e de alta volatilidade dos juros futuros, o Tesouro Nacional opta por suspender temporariamente a compra e a venda dos títulos. Outro ponto muito relevante: nos horários fora do "pregão normal", nos dias úteis, os valores dos títulos são apenas uma referência. Se você adquirir títulos nesse período, a liquidação ocorrerá pelo valor de mercado do próximo dia útil. Por essa razão, opto por comprar títulos apenas quando o mercado está aberto, isto é, no ato da compra eu sei exatamente o valor que pagarei por cada título, sem surpresas.

Tesouro Direto — Um Investimento Seguro, Rentável e de Fácil Acesso 57

Renda Fixa ou Variável?

A princípio, os títulos do TD são considerados pelo mercado financeiro como títulos de renda fixa. Entretanto essa premissa somente é válida para quem compra o título e o mantém durante todo o tempo de contrato até o vencimento. Em caso de venda antecipada, o título será recomprado pelo governo a preço de mercado, com ágio ou deságio, como já comentado. Assim, podemos considerar que os títulos do TD são de renda fixa, se respeitarmos o prazo de vencimento, e de renda variável, caso haja uma venda antecipada.

Veja na Figura 24 um comparativo entre os preços dos títulos em setembro de 2012 e 2013 e observe a grande diferença nas taxas de juros e no valor dos títulos. Em 2013, a taxa de juros subiu, e os preços dos títulos despencaram; destaque para as NTN-B Série Principal. Tudo isso em virtude da vigorosa alta da Selic (de 7,25% para 11%).

Figura 24: Comparação de preços e taxas de juros de títulos públicos nos dias 4/9/2012 e 5/11/2013

Fonte: Elaboração do autor com dados do Tesouro direto (www.tesouro.fazenda.gov.br/tesouro-direto).

Por outro lado, repare na Figura 25 que as NTN-B com vencimento em 2035 tiveram uma valorização generosa entre março de 2011 e setembro de 2012, justamente por um cenário oposto, ou seja, houve nesse período uma forte queda da Taxa Selic (de 11,75 para 7,25%), atingindo um ganho de quase 60%:

Figura 25: Evolução dos preços dos títulos NTN-B no período de março de 2011 a setembro de 2012

Fonte: Elaboração do autor com dados do Tesouro Direto (www.tesouro.fazenda.gov.br/tesouro-direto).

Veja mais um exemplo nas Figuras 26 e 27. Em setembro de 2015, comprei títulos prefixados com vencimento em 2021. Veja a valorização em pouco mais de um ano (quase 40% de rendimento). Isso aconteceu por que a Taxa DI começou a ceder fortemente em janeiro de 2016, mesmo antes da Selic. Reveja os gráficos da Selic (Figura 19) e do DI Futuro (Figura 20).

Figura 26: Preço do título Tesouro Prefixado 2021 (LTN) em 23/9/2015

Preços e taxas dos títulos públicos disponíveis para compra

Título	Vencimento	Taxa % a.a. Compra	Taxa % a.a. Venda	Preço Unitário Dia Compra	Preço Unitário Dia Venda
Tesouro IPCA+ 2019 (NTNB Princ)	15/05/2019	7,78	-	R$2.057,67	-
Tesouro IPCA+ com Juros Semestrais 2020 (NTNB)	15/08/2020	7,82	-	R$2.526,49	-
Tesouro IPCA+ 2024 (NTNB Princ)	15/08/2024	7,73	-	R$1.395,05	-
Tesouro IPCA+ com Juros Semestrais 2035 (NTNB)	15/05/2035	7,65	-	R$2.322,80	-
Tesouro IPCA+ 2035 (NTNB Princ)	15/05/2035	7,61	-	R$642,27	-
Tesouro IPCA+ com Juros Semestrais 2050 (NTNB)	15/08/2050	7,56	-	R$2.216,10	-
Tesouro Prefixado 2018 (LTN)	01/01/2018	16,30	-	R$711,51	-
Tesouro Prefixado 2021 (LTN)	01/01/2021	16,30	-	R$452,86	-
Tesouro Prefixado com Juros Semestrais 2025 (NTNF)	01/01/2025	16,37	-	R$737,98	-
Tesouro Selic 2021 (LFT)	01/03/2021	0,00	-	R$7.148,05	-

Atualizado em: 23/09/2015 11:29

Fonte: Tesouro Direto (www.tesouro.fazenda.gov.br/tesouro-direto).

Figura 27: Preço do título Tesouro Prefixado 2021 (LTN) em 29/9/2016

Título	Vencimento	Taxa % a.a. Compra	Taxa % a.a. Venda	Preço Unitário Dia Compra	Preço Unitário Dia Venda
Indexados ao IPCA					
Tesouro IPCA+ com Juros Semestrais 2017 (NTNB)	15/05/2017	-	6,44	R$0,00	R$2.997,15
Tesouro IPCA+ 2019 (NTNB Princ)	15/05/2019	5,96	6,00	R$2.527,51	R$2.525,04
Tesouro IPCA+ com Juros Semestrais 2020 (NTNB)	15/08/2020	-	6,02	R$0,00	R$2.959,63
Tesouro IPCA+ com Juros Semestrais 2024 (NTNB)	15/08/2024	-	5,97	R$0,00	R$2.969,35
Tesouro IPCA+ 2024 (NTNB Princ)	15/08/2024	5,89	5,95	R$1.873,62	R$1.867,31
Tesouro IPCA+ com Juros Semestrais 2026 (NTNB)	15/08/2026	5,89	5,97	R$2.986,85	R$2.969,89
Tesouro IPCA+ com Juros Semestrais 2035 (NTNB)	15/05/2035	5,82	5,90	R$3.069,04	R$3.042,94
Tesouro IPCA+ 2035 (NTNB Princ)	15/05/2035	5,79	5,87	R$1.034,06	R$1.019,67
Tesouro IPCA+ com Juros Semestrais 2045 (NTNB)	15/05/2045	-	5,94	R$0,00	R$3.035,51
Tesouro IPCA+ com Juros Semestrais 2050 (NTNB)	15/08/2050	5,77	5,87	R$3.066,46	R$3.023,11
Prefixados					
Tesouro Prefixado com Juros Semestrais 2017 (NTNF)	01/01/2017	-	13,76	R$0,00	R$1.015,54
Tesouro Prefixado 2017 (LTN)	01/01/2017	-	13,75	R$0,00	R$968,30
Tesouro Prefixado 2018 (LTN)	01/01/2018	-	12,25	R$0,00	R$866,69
Tesouro Prefixado 2019 (LTN)	01/01/2019	11,64	11,70	R$782,26	R$781,32
Tesouro Prefixado 2021 (LTN)	**01/01/2021**	**-**	**11,69**	**R$0,00**	**R$626,45**
Tesouro Prefixado com Juros Semestrais 2021 (NTNF)	01/01/2021	-	11,64	R$0,00	R$974,62
Tesouro Prefixado com Juros Semestrais 2023 (NTNF)	01/01/2023	-	11,71	R$0,00	R$955,32
Tesouro Prefixado 2023 (LTN)	01/01/2023	11,76	11,82	R$500,66	R$499,00
Tesouro Prefixado com Juros Semestrais 2025 (NTNF)	01/01/2025	-	11,67	R$0,00	R$943,25
Tesouro Prefixado com Juros Semestrais 2027 (NTNF)	01/01/2027	11,69	11,75	R$931,21	R$928,06
Indexados à Taxa Selic					
Tesouro Selic 2017 (LFT)	07/03/2017	-	0,01	R$0,00	R$8.176,31
Tesouro Selic 2021 (LFT)	01/03/2021	0,03	0,07	R$8.165,92	R$8.151,64
Indexados ao IGPM					
Tesouro IGPM+ com Juros Semestrais 2017 (NTNC)	01/07/2017	-	6,35	R$0,00	R$3.620,28
Tesouro IGPM+ com Juros Semestrais 2031 (NTNC)	01/01/2031	-	5,90	R$0,00	R$5.696,28

Atualizado em: 29/09/2016 17:41

Fonte: Tesouro Direto (www.tesouro.fazenda.gov.br/tesouro-direto).

Após esses exemplos, faço uma pergunta a você: ainda resta alguma dúvida de que os títulos do TD podem ter um grande componente de renda variável se comercializados antes do prazo de vencimento?

Pagamento e Recebimento

O horário regular do pregão no TD é das 9h30 às 18h nos dias úteis. Títulos negociados nesse período são liquidados pelo preço de mercado online. Fora desse período, o valor de negociação será o preço de abertura do título no próximo dia útil. Assim, os preços informados com o pregão fechado, por exemplo, aos finais de semana, são apenas uma referência.

Em transações entre a meia-noite e as 5h da manhã, os títulos serão liquidados no mesmo dia, ou seja, você precisa estar com o dinheiro disponível na conta no mesmo dia — "dia zero". Entre 5h e 9h30, o TD fica fechado para manutenção. Após esse horário, as compras serão liquidadas no dia seguinte (D+1). É importante salientar que o cliente que não tiver os recursos disponíveis no dia acordado é considerado inadimplente e será punido. A punição inicial é a suspensão por 30 dias para compras de títulos no Tesouro Direto. A reincidência gera suspensões mais longas, e até a suspensão completa.

Em dois dias úteis após a compra, os títulos são liquidados (D+2), e no terceiro dia eles já estão disponíveis na sua conta. Antes de D+2, aparecerá no seu extrato que os títulos estão em liquidação. Com o vencimento do contrato, você receberá, em sua conta, o resultado final da operação, acrescido dos juros e já descontados o imposto de renda e as taxas. Na venda, em dias úteis, o dinheiro estará na sua conta em D+1 após o meio-dia.

O IR é descontado na fonte, e é de responsabilidade exclusiva da corretora, entretanto, você precisa declarar os rendimentos no ajuste anual da declaração do IR, como veremos em breve.

Cupons Semestrais

Para as pessoas que querem ou necessitam de renda extra, periódica, como já vimos, alguns títulos do TD pagam juros semestrais (*cupons*), como as NTN-B "puras" e as NTN-F. Já para os outros títulos, o pagamento ocorre apenas no vencimento, como nas LTN e nas NTN-B Série Principal. Se você não necessita desse rendimento semestral, opte pela NTN-B Principal, pois o resultado no longo prazo será melhor, em virtude dos juros sobre juros, além do que você evita pagar o IR antecipadamente. Sempre é bom lembrar que sobre os cupons incidem as alíquotas do IR de acordo com o prazo de aquisição do título. Não há a incidência de IOF sobre o pagamento dos cupons.

O taxa de remuneração do cupom para as NTN-F é fixada em 10% ao ano (4,88% por semestre), como já comentado. Já para as NTN-B, a alíquota também é fixa: 6% ao ano (2,95% por semestre). Na primeira, o valor do cupom é fixo, pois incide sobre o valor nominal do título que é de R$1 mil. Por outro lado, nas NTN-B a alíquota incidirá sobre o valor nominal atualizado (VNA), que é corrigido mensalmente, e portanto, o valor do cupom oscila. Não perca tempo com os cálculos e preocupe-se apenas com o valor nominal do cupom que você receberá. Veja na Figura 28 o fluxo de pagamento dos cupons de uma NTN-F.

Figura 28: Fluxo de pagamento do Título NTN-F

> **Na NTN-F, o VN é de R$1000,00. Você aplica este valor com um pequeno deságio e recebe juros pactuados semestralmente até o vencimento (R$48,8089). Ao final, você receberá o VN e o último cupom. Veja os cálculos do cupom para a taxa de juros de 10% ao ano. Retirado do site do Tesouro Nacional.**
>
> **Cálculo do Cupom de Juros:**
>
> O cupom de juros do Tesouro Prefixado com Juros Semestrais (NTN-F) é calculado com base no Valor Nominal na data de resgate do título, ou seja, R$1.000,00. Em função das características do título do mesmo exemplo acima, têm-se os seguintes fluxos financeiros provenientes do pagamento semestral de cupom:
>
> | Evento | Datas | Dias Uteis | Dias Uteis/252 | Fluxos |
> |---|---|---|---|---|
> | Liquidação | 06/01/2012 | - | - | |
> | 1º Cupom | 01/07/2012 | 121 | 0,48015873015873 | R$48,8089 |
> | 2º Cupom | 01/01/2013 | 247 | 0,98015873015873 | R$48,8089 |
> | 3º Cupom | 01/07/2013 | 370 | 1,46825396825397 | R$48,8089 |
> | 4º Cupom | 01/01/2014 | 500 | 1,98412698412698 | R$48,8089 |
> | 5º Cupom | 01/07/2014 | 622 | 2,46825396825397 | R$48,8089 |
> | 6º Cupom | 01/01/2015 | 753 | 2,98809523809524 | R$48,8089 |
> | 7º Cupom | 01/07/2015 | 875 | 3,47222222222222 | R$48,8089 |
> | 8º Cupom | 01/01/2016 | 1.003 | 3,98015873015873 | R$48,8089 |
> | 9º Cupom | 01/07/2016 | 1.127 | 4,47222222222222 | R$48,8089 |
> | 10º Cupom | 01/01/2017 | 1.254 | 4,97619047619048 | R$48,8089 |
> | Resgate | 01/01/2017 | 1.254 | 4,97619047619048 | R$1.000,00 |
>
> A taxa semestral equivalente à taxa de 10% ao ano é encontrada da seguinte forma:
>
> $$(1 + taxa\ anual) = (1 + taxa\ semestral)^2$$
>
> $$taxa\ semestral = (1 + taxa\ anual)^{\frac{1}{2}} - 1$$
>
> $$taxa\ semestral = (1 + 0,10)^{(\frac{1}{2})} - 1$$
>
> $$taxa\ semestral = 0,048808\ ou\ 4,8808\%$$
>
> Para obter o montante do cupom de juros de 1,0 título, sabendo-se que o cupom é fixo e equivale a R$ 1.000,00, tem-se:
>
> $$Cupom = R\$\ 1.000 * (0,048808)$$
>
> $$Cupom = R\$\ 48,81$$

Fonte: Tesouro Direto (www.tesouro.fazenda.gov.br/tesouro-direto).

Os cupons das NTN-F são pagos em janeiro e julho. Já em algumas NTN-B, em fevereiro e agosto (com base no vencimento), e em outras, em maio e novembro. Essas informações estão disponíveis no site do TD.

Imposto de Renda (IR)

A **Lei nº 11.033** de 21 de dezembro de 2004 alterou a tributação incidente sobre as operações do mercado de capitais, incluindo as alíquotas de IR sobre os rendimentos dos títulos do TD. De acordo com a redação legal, as alíquotas passaram a ser válidas a partir de 1º de janeiro de 2005. A tributação é semelhante aos fundos de investimentos e depende, portanto, do tempo de permanência da aplicação. Para investimentos com período inferior a 180 dias, paga-se 22,5% de IR sobre o rendimento; entre 181 dias e 360 dias, 20%; entre 361 e 720 dias, 17,5%, e para mais de 720 dias, o percentual é de 15%.

Há também a incidência de IOF para vendas com prazo inferior a 30 dias, como ocorre nos Fundos de Investimentos, CDB etc. A partir de 30 dias, o IOF é zerado. Não há incidência de IOF sobre os cupons semestrais.

Como Declarar os Títulos e os Ganhos do Ajuste Anual do IR

Na declaração de ajuste anual do IR, você deverá declarar os títulos em custódia no último dia do ano-base. Em geral, você receberá do seu banco ou corretora o montante aplicado no ano anterior, que deve ser declarado na seção de **Bens e Direitos — código 45**. Usualmente, o extrato mostra o valor aplicado, sem o rendimento, e assim deve ser declarado. Também não é necessário descrever os títulos. Basta somar o montante aplicado. No caso de você ter títulos em mais de uma corretora, sugiro declarar separadamente. Se você já tinha aplicação no TD no anterior e aumentou a posição, basta atualizar o saldo total, sem os juros. O extrato do banco contém todos os dados necessários. Já os rendimentos nos saques antecipados, no vencimento dos títulos e no recebimento dos cupons semestrais, devem ser declarados no campo seis da seção **"rendimentos sujeitos à tributação exclusiva/na fonte"**.

Relembrando que o recolhimento das alíquotas de IR é de responsabilidade exclusiva do banco ou da corretora. A função do investidor é apenas informar corretamente na declaração de ajuste anual.

Onde Comprar os Títulos

Como já comentado, as compras podem ser feitas diretamente no site do TD ou através do site da corretora, no caso dos agentes integrados. É importante verificar com seu agente custodiante, corretora ou banco qual maneira está disponível. Numa das corretoras na qual tenho conta, a compra só é permitida através do site da própria corretora. Em outra, os dois modos são permitidos. Sempre optei por comprar diretamente das corretoras, mas tanto faz. Ao optar pela compra direta no site da sua corretora, é prudente que você compare com os preços ofertados pelo site do tesouro. Os preços devem ser rigorosamente iguais.

Mais uma vez comento que várias boas corretoras não cobram a taxa de administração, e isso pode fazer muita diferença no longo prazo. Fique atento!

Como Comprar os Títulos — Passo a Passo:

1. Realize o cadastro prévio na corretora e no TD.
2. Você pode comprar diretamente no site do TD ou no site do agente integrado.
3. Após fazer o login e inserir sua senha, entre no local indicado para compra dos títulos. Exemplo: no aplicativo PRO da XP Investimentos, há o ícone do Tesouro Direto. Clique nele.
4. Após o clique, irá aparecer na tela todos os títulos disponíveis para compra. É só escolher. Veja na Figura 29.

Figura 29: Exemplo de tela de Títulos Públicos disponíveis para aplicação no site da XP Investimentos

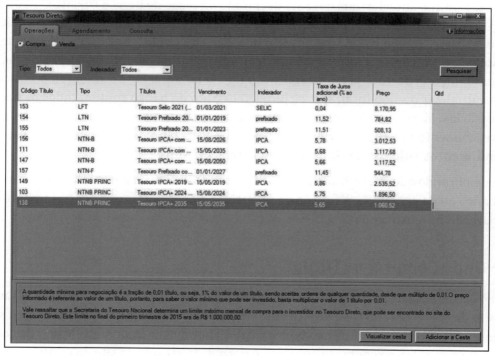

Fonte: XP Investimentos (www.xpi.com.br).

5. Selecione o título que você deseja comprar e insira a quantidade (fração mínima de 0,1 do valor nominal do título).
6. Na próxima tela, teremos os títulos selecionados e o valor total da compra. Basta finalizar.
7. Lembre-se de que você tem que ter o dinheiro em conta corrente (na corretora) em D+1 para compras efetuadas após as 5h da manhã, e, se antes, o dinheiro deve estar disponível no mesmo dia.
8. Os títulos são liquidados em D+2.
9. Importante: após a efetivação da compra, o pedido não pode ser cancelado.
10. Para vender os títulos em carteira, o processo é semelhante.

Compras Programadas

Desde junho de 2012, o TD passou a oferecer o direito de compras programadas de títulos, inclusive para o reinvestimento dos cupons semestrais e do montante resgatado dos títulos vencidos. Assim, você poderá programar novos aportes financeiros e também o reinvestimento dos cupons semestrais. Eu, particularmente, não uso o sistema, mas acho o processo muito interessante, no intuito de aumentar a disciplina para realizar investimentos mensais, semelhante ao que já ocorre nos planos de previdência privada complementar.

Cenários Econômicos e Quais Papéis Comprar?

A. Aposentadoria

Aqui não há dúvida. Se o seu objetivo é a aposentadoria, compre títulos mistos, pré e pós-fixados, e com a garantia de ganho real: compre **Tesouro Inflação: NTN-B**. Procure por títulos com vencimento mais distante, 2035 ou depois, e dê preferência às NTN-B Série Principal, pois os juros são reinvestidos. Não se preocupe muito com o desenrolar da Taxa Selic, faça compras mensais ou trimestrais e consiga um bom preço médio, sem preocupações e sem perder o sono.

Se quiser maximizar seus ganhos, faça aportes maiores quando o viés da Selic for de queda ou quando ela estiver baixa. E mais: invista somente o dinheiro que visa o longo prazo. A venda antecipada pode gerar prejuízos — marcação a mercado.

B. Garantir o Curto Prazo

Se o seu objetivo é garantir o curto prazo e a liquidez do investimento, evitando oscilações bruscas na cotação dos ativos, a melhor opção é o **Tesouro Selic: LFT**. É o título público mais conservador e a remuneração é diária e vinculada à Selic, como já comentado no capítulo de renda fixa.

C. Cenário de Inflação em Alta e Persistente

Regra básica: evite os títulos prefixados. Caso contrário, você poderá perder dinheiro por dois motivos: primeiro, seu ganho real será menor ou até mesmo extinto — a inflação pode ser mais alta do que a taxa de juros pré-acordada; segundo, um processo inflacionário resistente infere que o BACEN precisará aumentar a taxa básica de juros, e seus títulos prefixados sofrerão, por conseguinte, um importante deságio. Assim, se precisar vendê-los antes, você amargará um prejuízo.

Nesse cenário, o ideal é aumentar a exposição em Tesouro Selic, visando o curto prazo, ou comprar títulos vinculados à inflação, especialmente os que têm vencimentos mais curtos, pois eles sofrem menos com a variação da taxa de juros.

D. Momentos de Inflexão da Curva de Juros

Aqui temos o cenário mais estressante e o mais recompensador, o meu preferido. Nesse cenário, podemos ganhar muito dinheiro e num curto espaço de tempo. São situações esporádicas, mas que geram grandes oportunidades. Desde 2011, já ocorreram três importantes inflexões (viradas) na Taxa Selic. Reveja o gráfico da Selic (Figura 19). Estamos flertando com a próxima. É preciso saber aproveitar o componente de renda variável dos títulos públicos.

Usualmente, não recomendo a compra de títulos prefixados para o pequeno investidor, especialmente para aqueles que estão começando. Até você ter um bom conhecimento sobre as taxa de juros, o melhor é ficar de fora.

Leia a seguir um breve relato da evolução da Taxa Selic entre 2011 e 2018 e os momentos de inflexão:

1. Em 2011, mesmo com a inflação persistente, o Banco Central sinalizou um novo ciclo de queda na taxa básica de juros visando estimular a economia. Nesse caso, o ideal é comprar títulos prefixados, especialmente antes do Copom colocar em prática sua política de juros. Assim, você ganhará com o ágio que incidirá sobre os títulos: quanto menor a taxa de juros, maior é o preço unitário dos títulos.

2. Em 2013, aconteceu justamente o contrário: a inflação acelerou e o Copom precisou elevar rapidamente a taxa de juros. Nesse cenário, o ideal é vender os títulos prefixados antes, pois eles sofrerão um deságio inexorável com a elevação da taxa básica de juros. Mas fique atento: o mercado precifica antes o movimento do Copom através dos juros futuros. O que costuma ser errático no mercado são a velocidade e a extensão da mudança da taxa de juros.

3. Já em 2016, desde a posse do novo presidente do Banco Central do Brasil e do arrefecimento do processo inflacionário, o mercado financeiro passou a estimar que o Comitê de Política Monetária iniciasse um novo ciclo de queda da Selic, o que de fato ocorreu. A Selic passou de 14,25% para menos de 7% ao ano.

As Vantagens do TD:

- Permite ao pequeno investidor uma ampla diversificação no seu portfólio, com títulos de curto, médio e longo prazo.
- Baixo risco de crédito — risco soberano.
- Fácil acesso.
- Taxa de custódia é baixa: 0,3% ao ano.
- Várias corretoras não cobram taxa de administração.

As Desvantagens do TD:

- A abertura de conta numa corretora de valores é obrigatória, mas, como já dito, atualmente esse é um processo muito simples.
- Não tem cobertura do FGC.
- Em caso de venda antecipada, você poderá perder dinheiro — marcação a mercado —, com exceção do Tesouro Selic.
- Incidência de imposto de renda.

Comentários Finais

Não há dúvida: os títulos do TD devem fazer parte de qualquer carteira de investimentos, independentemente da faixa etária, do perfil do investidor ou do montante acumulado. O Tesouro Selic é o mais conservador e é atrelado à variação da Selic: excelente para o curto prazo e para os cenários de obscuridade do viés da Selic. Visando a aposentadoria, opte pelos títulos mistos, vinculados à inflação. Já os títulos prefixados são indicados para os momentos de inflexão da taxa básica de juros. Estes últimos exigem um pouco mais de conhecimento dos investidores, como demonstrado no decorrer deste capítulo.

4
Fundos imobiliários — Um Novo Jeito de Investir no Mercado de Imóveis!

Começo este capítulo com uma pergunta: você conhece alguma pessoa bem-sucedida que não tenha imóveis? A resposta é: provavelmente, não. Essa regra quase nunca tem exceção. A aquisição de imóveis pode ser considerada uma das melhores modalidades de investimento para o longo prazo, entretanto, o investidor precisa ter um bom conhecimento sobre as características particulares desse mercado. De uma maneira geral, é imune aos planos de governo, às turbulências econômicas e aos modismos inerentes ao comportamento humano.

Outro ponto relevante: para a grande maioria das pessoas, investir diretamente em imóveis é uma tarefa quase impossível, basicamente pela necessidade de um maior capital operacional. Mais um entrave: as grandes oportunidades no mercado imobiliário surgem nas crises econômicas e exigem pagamento à vista, o que limita ainda mais a ação dos investidores que possuem um menor capital. Dessa forma, uma grande opção de investimento é a aplicação em fundos de investimentos imobiliários. Os fundamentos são os mesmos, portanto, lucra-se através do ganho de capital dos imóveis que compõem os fundos e do recebimento dos rendimentos mensais, oriundo dos aluguéis. Conheça um pouco mais sobre essa importante modalidade de investimento.

Generalidades

Nos últimos anos, os Fundos de Investimentos Imobiliários (FIIs) começaram a despertar maior interesse por parte dos investidores. O primeiro fundo imobiliário no Brasil foi constituído nos idos da década de 1990, na cidade de São Paulo (Memorial Office). Vários outros fundos já têm suas cotas negociadas na bolsa de valores, o que garante maior transparência aos negócios e maior liquidez.

Os FIIs são regulamentados pela Comissão de Valores Mobiliários (CVM) e funcionam como condomínios — como qualquer outro fundo de investimento — em que o investidor compra cotas do fundo e deixa a administração a cargo de um profissional do mercado. Esses fundos são fracionados em cotas que, uma vez adquiridas, não podem ser resgatadas — regras para condomínios fechados. Entretanto, as cotas podem ser livremente negociadas no mercado secundário (bolsa de valores), o que lhes confere liquidez diária — uma grande vantagem sobre a compra direta de imóveis.

Como qualquer outra modalidade de investimento, um dos segredos do sucesso é o perfeito conhecimento do mercado em questão, no caso, o imobiliário. Nos FIIs as tarefas de escolher, comprar, vender e administrar os imóveis ficam a cargo de um gestor, que comumente é um especialista no mercado imobiliário. Dessa forma, deixamos essa difícil missão para um profissional do mercado. Para investir diretamente em imóveis, é necessário um grande aporte financeiro inicial, o que é uma regalia de poucos. Já nos FIIs, você poderá participar de um grande empreendimento comprando apenas a quantidade de cotas que o seu capital permite.

Adquirir cotas de um FIIs é muito fácil: basta abrir uma conta numa corretora — a mesma que oferece os títulos do TD e os demais ativos. A maioria dos títulos é negociada pelo *home broker* em lote padrão de "1", ou seja, podemos comprar cotas em múltiplos de "1". Usualmente, a partir de R$100 já é possível aplicar num FII, porém, como para cada compra existirá uma taxa de corretagem, o ideal é acumular mais dinheiro e fazer compras maiores, por exemplo, trimestrais ou semestrais.

Tipos de Fundos Imobiliários

O objetivo principal de alguns FIIs, os chamados **"fundos de renda"**, é adquirir parte ou a totalidade de grandes empreendimentos, como flats, hotéis, shoppings, galpões de armazenagem, edifícios comerciais, escritórios, hospitais etc. Os lucros são oriundos do ganho de capital, na compra e venda de imóveis, e também do aluguel desses imóveis, com consequente distribuição dos resultados aos cotistas.

Outros fundos optam por investir em títulos do setor imobiliário, os chamados **"fundos de papéis"**, como as Letras de Crédito Imobiliário, os Certificados de Recebíveis

Imobiliários etc. Nesses casos, os lucros são advindos do pagamento de juros e correção monetária (índices inflacionários: IPCA e IGPM) no vencimento desses títulos.

Há ainda os fundos que investem em cotas de outros FII — **"fundos de fundos"** — o que garante uma maior diversificação do portfólio, e, por último, os chamados **"fundos de incorporação"**, cujo objetivo principal é construir um grande empreendimento e depois revendê-lo. Eu diria que este último tipo é o que tem maior risco e, consequentemente, a maior possibilidade de ganho.

Posto isto, antes de comprar qualquer cota, devemos reconhecer a finalidade do FII e os ativos que pertencem a ele. O regulamento e o prospecto contêm todas as diretrizes do fundo, e sua leitura é obrigatória para o sucesso do investidor.

Existem algumas casas independentes de análise de ativos, incluindo fundos imobiliários, que produzem ótimos relatórios e com baixo custo. Assim, a análise desses relatórios é uma ferramenta útil na escolha de bons fundos imobiliários. Algumas corretoras também disponibilizam bons relatórios.

A seguir, veja as principais vantagens e desvantagens dos FIIs.

FIIs — Vantagens:

- Permite que os pequenos investidores apliquem no mercado imobiliário sem comprar diretamente um imóvel, evitando gastos com cartórios, corretagem e o Imposto sobre Transmissão de Bens Imóveis (ITBI), além de outros aborrecimentos.
- Diferentemente dos imóveis, as cotas têm liquidez diária. Se você vender, receberá o dinheiro em D+3.
- Com pouco dinheiro, você pode participar de grandes empreendimentos.
- As compras das cotas podem ser periódicas, por exemplo, mensais ou trimestrais, aumentando sua participação no fundo.
- A regularidade dos proventos: geralmente, os lucros são pagos aos investidores mensalmente. Contudo, por lei, esses fundos são obrigados a distribuir pelo menos 95% do resultado de caixa a cada seis meses. Alguns fundos garantem proventos mensais mínimos; ótima opção para quem precisa de rendimento mensal.
- Como os aluguéis dos imóveis pertencentes aos FIIs são reajustados por índices inflacionários, existe uma garantia "teórica" de que os proventos mensais continuarão com o mesmo poder de compra no longo prazo.
- O grau de especulação é menor do que no mercado de ações.
- Teoricamente apresentam uma gestão mais profissional.
- As taxas de administração são atrativas, menores que 1%; comumente, menores que 0,5%.

- São regulamentados pela CVM e auditados por firmas independentes, o que garante maior transparência e eficácia, mitigando possíveis mazelas dos gestores.
- A última e grande vantagem é que os rendimentos obtidos por pessoas físicas, pequenos investidores, são isentos de imposto de renda. Não deixe de usufruir desse grande benefício. Algumas modalidades pagam até 22,5% de imposto de renda. De acordo com a Lei 11.196/05, as quatro regras para a isenção são as seguintes:
  - Exclusividade para pessoas físicas.
  - Para aqueles que possuem menos de 10% das cotas do fundo.
  - O fundo deve ter, no mínimo, 50 cotistas.
  - As cotas devem ser negociadas em bolsa ou mercado de balcão organizado, obrigatoriamente.

FIIs — Desvantagens:

- Não servem como garantia para outras operações na bolsa (por exemplo, no aluguel de ações, nas margens operacionais do mercado futuro etc.) ou para alienação fiduciária e hipotecas.
- Esses fundos cobram taxa de administração, porém, em geral, uma alíquota bem mais atraente, quando comparada a outros fundos.
- Alguns fundos têm baixa liquidez.
- Os fundos de títulos apresentam o maior risco de crédito.
- Crises financeiras e, principalmente, crises no setor imobiliário, podem afetar diretamente o valor das cotas e os proventos mensais.
- Como esses ativos são negociados em bolsa, eles acabam sofrendo algumas interferências do mercado de ações, por vezes com grandes oscilações no curto prazo. Todavia, as distorções geralmente são corrigidas no médio e longo prazo.
- Risco de vacância dos imóveis que fazem parte do portfólio do fundo e, por conseguinte, redução do valor dos proventos mensais.
- A alíquota do imposto de renda no caso de ganho de capital sobre a venda das cotas é de 20%. O recolhimento do imposto de renda é de responsabilidade exclusiva do investidor, e as regras são semelhantes ao mercado de ações.

Algumas Considerações Práticas e Exemplos sobre Fundos Imobiliários

Recordando, existem os fundos imobiliários focados em imóveis comerciais (lajes corporativas, shoppings, galpões etc.), chamados de **fundos de renda**, outros concentrados na aquisição de títulos imobiliários privados, denominados **fundos de papéis,** e alguns baseados na aquisição de cotas de outros fundos — **fundos de fundos**. Existem ainda outros tipos de fundos, mas que são menos importantes.

Os primeiros visam obter lucros alugando os imóveis para terceiros, assim, os rendimentos mensais são oriundos dos aluguéis. Outra possibilidade de retorno desses fundos é através do ganho de capital, isto é, compra-se um determinado imóvel por X reais e vende-se no futuro por uma quantia maior (o lucro obtido pelo fundo nessa operação poderá ser revertido aos cotistas, através do pagamento de dividendos extraordinários, ou reforçar o caixa do fundo para a aquisição de novos imóveis). Dessa forma, os cotistas podem auferir lucros das duas maneiras: recebendo os proventos mensais regulares e, eventualmente, ganhando também na valorização das cotas.

A seguir, elenco alguns pontos extremamente relevantes para você avaliar antes de adquirir cotas de um **fundo de renda**:

1. Checar a qualidade dos imóveis: onde estão localizados? (a cidade de São Paulo é a preferida e a mais rentável e resiliente às crises do setor). Os imóveis do fundo são novos ou velhos? O tempo de contrato de locação é longo ou curto? Qual a qualidade do inquilino?, entre outros fatores. Esses aspectos nem sempre são fáceis de serem avaliados.

2. Avaliar a taxa de vacância dos imóveis. Um fator óbvio: quanto menor taxa de vacância, maior é o lucro do fundo. Esse dado é facilmente obtido nos relatórios trimestrais.

3. Qualidade do gestor. Outro fator relevante e também óbvio. Investigue qual a real preocupação do gestor com o cotista minoritário. Isso é muito importante.

4. Como está a taxa básica de juros? Quanto menor a taxa básica de juros vigente no país, maior é a atratividade dos fundos imobiliários, e vice-versa.

5. Por último: o mercado de ações tende a afetar indiretamente as cotações dos fundos imobiliários, especialmente nos picos de euforia e medo. Isso ocorre, especialmente, em virtude de as cotas dos fundos imobiliários também serem negociadas em bolsa de valores, como as ações das empresas, o que acaba interferindo na dinâmica dos preços desses ativos. Porém, essas interferências costumam ser passageiras. São apenas ruídos. Fique atento e evite saídas precoces do seu investimento. E lembre-se que os fundos imobiliários são considerados ativos de renda variável e, diferentemente da compra direta dos imóveis, eles têm cotação diária, o que favorece a oscilação brusca nos preços no curto prazo.

Desde o desaquecimento do setor imobiliário em 2011 e 2012, a taxa de vacância dos imóveis comerciais aumentou consideravelmente em alguns fundos imobiliários. Somado a isso, de 2011 a 2013, o Banco Central elevou a Taxa Selic de 7,25% para 14,5%, o que derrubou a cotação do Índice dos Fundos Imobiliários, denominado IFIX. Grosso modo, o IFIX é um índice semelhante ao IBOV, porém composto pelos principais fundos imobiliários negociados em bolsa. Contudo, desde 2016, a Taxa Selic despencou de 14,5 para 6,5%, e as cotas dos Fundos Imobiliários e o IFIX subiram fortemente em 2016 e

2017. O IFIX teve valorização de mais de 70% desde o fundo em janeiro de 2016: de 1.300 para 2.300 pontos. Veja a seguir, na Figura 30, o gráfico do IFIX.

Figura 30: Variação do IFIX no período de 2012 até março de 2018

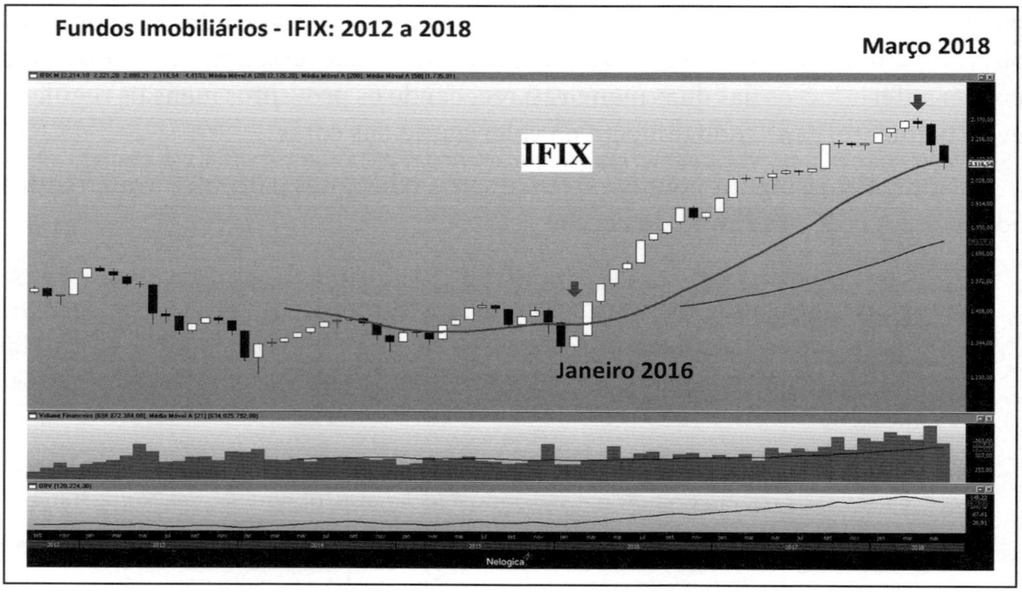

Fonte: Elaboração do autor com dados oriundos do software de análise gráfica Profitchart RT, da empresa Nelógica (www.nelogica.com.br).

Já em março de 2018, o IFIX voltou a cair, especialmente pelas incertezas políticas e econômicas em ano eleitoral, que provocaram uma subida rápida dos juros futuros, malgrado a estabilidade da Taxa Selic (lembre-se de que os juros futuros são determinados pelo próprio mercado, e não pelo governo federal, e costumam "andar na frente" da Selic).

Para exemplificar os fundos de renda, cito dois fundos imobiliários voltados para a exploração de imóveis comerciais: o **BC Fund** (BRCR11) e o **Kinea Renda Imobiliária** (KNRI11). O primeiro é administrado pelo BTG Pactual, e o segundo, pelo Itaú. Em ambos, os proventos mensais anualizados, atualmente, correspondem a cerca de 6% do valor da cota (lembrando que esses proventos são isentos de IR e, por isso, ganham dos rendimentos vinculados ao DI). A seguir, nas Figuras 31 e 32, veja o desempenho dos dois fundos de 2011 a 2018 em um gráfico semanal.

Fundos imobiliários — Um Novo Jeito de Investir no Mercado de Imóveis! 75

Figura 31: Desempenho do fundo BRCR11 no período de 2011 a 2018

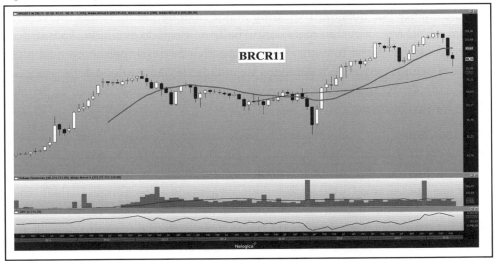

Fonte: Elaboração do autor com dados oriundos do software de análise gráfica Profitchart RT, da empresa Nelógica (www.nelogica.com.br).

Figura 32: Desempenho do fundo KNRI11 de 2011 a 2018

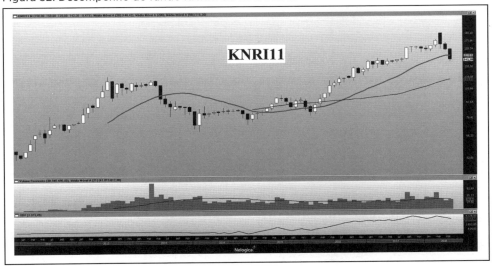

Fonte: Elaboração do autor com dados oriundos do software de análise gráfica Profitchart RT, da empresa Nelógica (www.nelogica.com.br).

Perceba que o primeiro teve um desempenho inferior ao segundo no período avaliado, basicamente por dois motivos: uma maior taxa de vacância dos imóveis no BC Fund (quase 30%) e uma gestão mais conturbada no período avaliado. Apesar do mau momento atual, o BC Fund tem uma boa perspectiva de desempenho no médio prazo, pois ele tem ótimos ativos concentrados na cidade de São Paulo, o setor imobiliário comercial começou a se aquecer, mesmo que lentamente, e parece que os problemas na gestão foram contornados.

Por último, comento rapidamente um fundo de papéis: o **Kinea Rendimentos Imobiliários** (KNCR11). Criado pelo Banco Itaú em 2012, é um fundo que investe grande parte do seu portfólio em títulos lastreados em imóveis, por exemplo, os Certificados de Recebíveis Imobiliários (**CRI**), e obtém lucros através do recebimento de juros. Teoricamente, esses fundos podem "sofrer" um pouco mais em cenários macroeconômicos complicados em relação aos fundos de renda, pois o risco de crédito dos títulos em carteira é aumentado — risco de calote. Entretanto o Kinea é considerado de baixo risco, pois investe apenas em títulos de empresas de grande porte e com baixo risco de crédito. Veja a performance do fundo, desde 2012, na Figura 33. Destaque para a valorização contínua das cotas.

Figura 33: Performance do fundo KNCR11 desde 2012

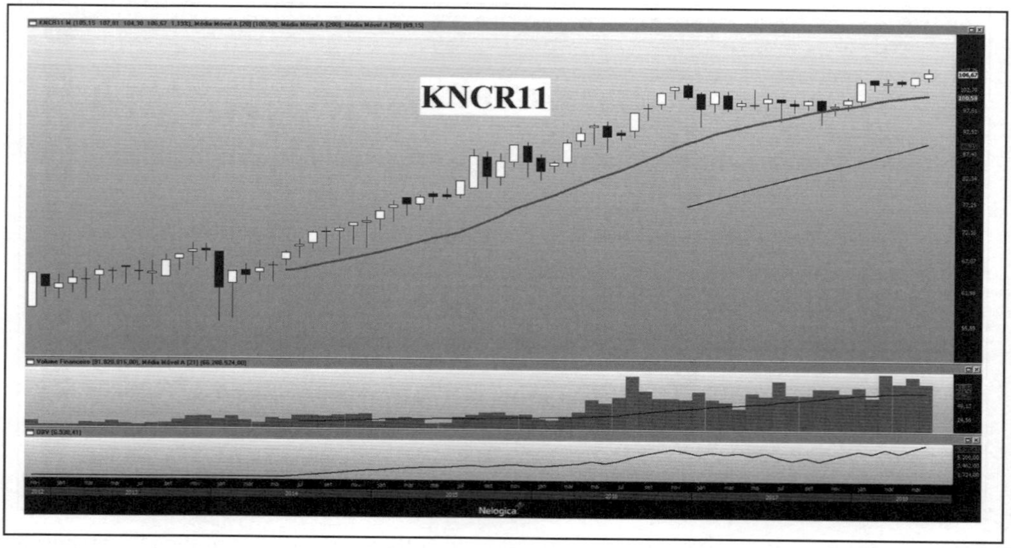

Fonte: Elaboração do autor com dados oriundos do software de análise gráfica Profitchart RT, da empresa Nelógica (www.nelogica.com.br).

Para o investidor não especialista, uma análise mais minuciosa e detalhada dos diversos fundos imobiliários existentes no mercado pode ser uma tarefa muito complexa, por isso, sugiro que você assine algum relatório proveniente das casas de análises independentes, como a Empiricus e a Eleven, dentre outras, o que facilitará sua missão no intuito de selecionar bons fundos. O custo dos relatórios é baixo e, em geral, eles são interessantes, de fácil leitura e repletos de boas informações. Vale a pena. Mas lembre-se: participe ativamente da escolha, pois a decisão final deverá ser sempre sua.

Por último, evite concentrar seu dinheiro em apenas um ou dois fundos imobiliários. Diversifique. Se seu capital permitir, faça um portfólio e aplique em, pelo menos, três a cinco fundos.

Imposto de Renda

No ajuste anual, é necessário declarar o número de cotas de cada FII e o valor pago por elas no item **"bens e direitos" (código 73)** e os proventos mensais na seção **"rendimentos isentos e não tributáveis"** (como não há uma linha específica para os FIIs, use a linha 09 — lucros e dividendos recebidos).

Em contrapartida, o ganho de capital oriundo da compra e venda das cotas é tributado em 20% sobre os lucros. As regras para o recolhimento do imposto são semelhantes às do mercado de ações. O recolhimento é de responsabilidade exclusiva do contribuinte e deve ser pago no mês seguinte à venda. Como no mercado de ações, em caso de prejuízo, permite-se a compensação futura. No ajuste anual do IR, o ganho de capital, os lucros mensais e/ou os prejuízos devem ser listados e discriminados em planilha específica do programa da Receita Federal: renda variável: fundos imobiliários.

Conclusão

Investir no mercado imobiliário pode ser um bom negócio. Todavia, as boas oportunidades exigem capital robusto, pagamentos à vista e um maior conhecimento por parte do investidor. Outros fatores limitantes são as altas taxas de corretagem, os aborrecimentos, os impostos e a questão burocrática. Investir em imóveis nunca é uma tarefa fácil! Portanto, tenho total convicção de que os FIIs são ótimas opções de investimento em substituição ao investimento direto em imóveis, especialmente para os pequenos investidores. Dessa forma, acredito que os FIIs têm um grande potencial de crescimento no Brasil por serem boas opções de investimentos no mercado imobiliário. Nos últimos anos, houve um crescimento robusto desses fundos no Brasil, e a tendência em longo prazo é muito positiva.

5
Previdência Privada Complementar: Os Benefícios Fiscais São Interessantes!

Num país onde a previdência pública é, no mínimo, suspeita em virtude das intervenções do governo federal e do sistemático e crescente déficit do orçamento — aumento dos gastos em relação à arrecadação — confiar nosso futuro ao governo federal é arriscado. Além do déficit atual da previdência, muito em breve o INSS terá mais beneficiários do que contribuintes. Esse rombo será sustentável no longo prazo? Com certeza, não. Dessa forma, muitos brasileiros preocupados com o futuro passaram a investir em planos de Previdência Privada Complementar (PPC).

Porém, percebo que a maioria das pessoas não sabe como funciona e, principalmente, não sabe se vale a pena. Recentemente, um leitor do meu blog me fez a seguinte pergunta: "Tenho optado por planos de PPC de vários bancos, por considerá-los investimentos de baixo risco: o que você acha?" A pergunta é muito interessante. Primeiro, por que o leitor mostra preocupação com o futuro, o que é um fato raro no Brasil. Segundo, porque ele está concentrando todo seu dinheiro em apenas uma modalidade de investimento. Terceiro, porque ele considera a PPC um investimento de baixo risco. Será? O objetivo deste capítulo é esclarecer as principais dúvidas sobre os planos de PPC existentes no país, bem como mostrar de forma clara seus prós e contras!

Como o próprio nome já diz, a PPC é uma modalidade de investimento que visa o complemento da previdência pública. É oferecida por várias instituições financeiras e regulamentada pela **SUSEP** — Superintendência de Seguros Privados. Apesar dessa regulamentação, o dinheiro investido não tem garantia do FGC. Assim, é preciso escolher bem a instituição, optando por agentes financeiros sólidos e tradicionais.

A PPC funciona como um fundo de investimento no qual várias pessoas podem ingressar individualmente num determinado plano, com o intuito de obter uma renda no futuro. A administração do dinheiro fica a cargo de um gestor profissional, seguindo as diretrizes do regulamento de cada plano. Além das diferenças tributárias, que veremos em breve, a maior diferença entre uma PPC e um fundo de investimento é que o contribuinte, numa data futura pré-acordada, poderá optar por receber uma renda vitalícia mensal ou pelo resgate total do montante acumulado. O rendimento mensal dependerá do tempo de contribuição, do total acumulado e da expectativa média de vida do contribuinte a partir do início do benefício. Assim, fica claro que quanto maior o tempo de contribuição, maior será a renda futura. Outra diferença básica é que ao aderirmos a um plano de PPC, escolheremos o valor do depósito inicial, bem como o valor dos aportes mensais automáticos. Aportes esporádicos são permitidos, e o contribuinte poderá solicitar a qualquer momento a interrupção temporária da contribuição mensal.

↳ Fases do Investimento

Temos duas. A primeira é a fase da contribuição, na qual acumula-se o capital através de aportes ao plano escolhido. Comumente, exige-se um aporte inicial e depois contribuições periódicas, geralmente mensais. Não há idade máxima ou mínima, nem a necessidade de comprovação de renda para começar uma PPC. Resgates antecipados são permitidos, exceto aquela parcela que está no período de carência, 60 dias.

A segunda fase corresponde ao período de recebimento dos benefícios. O começo dessa fase é previamente estipulado no contrato; em média, após os 60 anos de idade. O investidor tem a opção de resgatar todo o montante de uma única vez ou optar por uma renda mensal vitalícia (alguns bancos oferecem ainda o pagamento do montante acumulado em parcelas fixas durante alguns anos, por exemplo, 36 meses). Uma vez que a decisão foi tomada, ela é irrevogável.

IMPORTANTE

Nos contratos convencionais, a renda vitalícia é exclusiva do contribuinte, não é transferível. Assim, nesse modelo, os benefícios se encerram com o óbito, e não são repassados aos familiares!

Tipos de Planos de PPC

De acordo com a SUSEP, temos três tipos planos de PPC: o **Soberano**, que faz aplicação exclusiva dos recursos em títulos do governo federal; o **Moderado**, que permite também aplicar em títulos privados; e, por último, o **Composto**, que permite também aplicação em renda variável (ações, inflação, câmbio etc.). Assim, você poderá fazer um plano de previdência vinculado somente à renda fixa ou vincular parte do investimento à renda variável. Esse aspecto deverá ser decidido antes de ingressar no plano de PPC. Geralmente, os planos de previdência com renda mista — os compostos, também chamados de balanceados — apresentam percentuais de aplicação em renda variável que variam entre 10 e 49% (uma resolução recente do Conselho Monetário Nacional, CMN, em novembro de 2015, aumentou esse limite para 70% para os planos vendidos no varejo). Os planos de previdência com rendimento exclusivo em títulos de renda fixa, especialmente aqueles de gestão passiva, são muito ruins no longo prazo, haja vista que a taxa de retorno é baixa, a taxa de administração é alta, e ainda sofreremos com a inflação corroendo parte do nosso lucro. Dessa forma, o ideal é escolher um **plano de PPC Composto** com um porcentual entre 10 e 70% de aplicação em renda variável, obviamente respeitando o perfil de cada investidor. A renda variável pode ser vinculada ao mercado de ações, a índices inflacionários ou ficar exposta a vários ativos (PPC multimercado).

VGBL (Vida Gerador de Benefício Livre) e PGBL (Plano Gerador de Benefício Livre)

Basicamente, existem dois tipos de planos de PPC: o **VGBL (Vida Gerador de Benefício Livre)** e o **PGBL (Plano Gerador de Benefício Livre)**. A diferença básica entre os dois planos é a possibilidade de desconto dos depósitos mensais no ajuste anual do imposto de renda. O **PGBL** permite a dedução dos aportes financeiros até o limite de 12% sobre o valor total tributável recebido no ano base. Entretanto, no futuro, o imposto de renda incidirá sobre todo o montante resgatado. Conclui-se, então, que existe apenas uma postergação no pagamento do imposto de renda. Obviamente, o imposto não pago antecipadamente ajuda na composição do fundo, bem como de seus rendimentos.

Para pessoas que fazem o recolhimento do IR anual através do desconto padrão (simplificado), a melhor opção passa a ser o **VGBL**, pois neste caso não é permitida a dedução no IR, porém, no futuro, paga-se o imposto somente sobre o rendimento. Apesar da simples diferença entre os planos, frequentemente as pessoas optam erroneamente, o que poderá acarretar enormes prejuízos.

Rendimento

O rendimento esperado nos planos de PPC é apenas uma expectativa — rentabilidade esperada — baseada no rendimento passado — rentabilidade observada — e nas perspectivas futuras. Não há garantia de rendimento, mesmo em planos exclusivos em títulos de renda fixa. É fundamental que o investidor acompanhe os resultados dos planos adquiridos mensalmente. Há planos no mercado com rendimento inferior a 70% da Taxa CDI, uma vergonha. Por outro lado, com a maior flexibilização das regras, existem ótimos planos no mercado.

Taxas Envolvidas nos Planos de PPC

Taxa de Carregamento

Um dos grandes problemas desse tipo de investimento. Essa taxa corresponde à porcentagem que o banco ou a seguradora cobra quando se deposita a contribuição mensal ou o aporte esporádico. Em geral, ela é decrescente: quanto mais dinheiro acumulado no fundo, menor é a taxa. Para valores aplicados acima de R$100 mil, costuma ser inferior a 1%, variando entre as diversas instituições financeiras. Grandes empresas fazem fundos coletivos, os chamados fundos de pensão, e seus funcionários geralmente não pagam essa taxa, sendo planos vantajosos, contudo limitados aos funcionários da empresa (planos fechados).

Uma alternativa interessante é acumular um montante razoável na poupança e depois aplicar num PPC com uma taxa de carregamento mais aceitável. Outra opção é aplicar em planos PPC não vinculados aos grandes bancos, pois frequentemente não há a cobrança da taxa de carregamento. Entretanto, você ficará exposto a um maior risco de crédito.

Taxa de Administração

Aqui está o grande obstáculo dos planos de PPC, pois além de alta, a taxa de administração é cobrada em todos os planos e incide sobre o patrimônio líquido, ou seja, sobre todo o capital, aportes e rendimentos. No longo prazo, uma taxa onerosa poderá corroer grande parte do lucro. Assim, é obrigatório procurar planos com taxas inferiores a 1%, especialmente para os planos passivos e exclusivos em renda fixa. Por outro lado, alguns excelentes fundos com gestão ativa e bons resultados têm uma taxa de administração maior, 2%, que é recompensada pela excelente gestão dos ativos. Portanto, antes de aderir a um plano, faça um comparativo entre os custos e os resultados dos planos. Por vezes, o barato sai caro!

Taxa de Saída

Essa taxa não é frequente nos planos de PPC. Era muito comum nos tempos da CPMF — Contribuição Provisória sobre Movimentação Financeira —, e a alíquota era de 0,38%. Atualmente, algumas instituições financeiras que não cobram a taxa de carregamento optam pela cobrança da taxa de saída. Entretanto, o valor somente é cobrado dentro do prazo de carência estipulado pelo plano. Exemplo: a taxa de saída será cobrada se o resgate ocorrer antes de 24 meses — uma forma de evitar saques antecipados, o que prejudica os participantes do fundo.

Outros planos apresentam uma carência mínima para eventuais saques parciais. Dessa forma, não deixe de conferir no prospecto do seu plano as regras para saques antecipados.

Regimes de Tributação

Desde 2005, com o surgimento da tributação regressiva, passamos a ter duas maneiras de tributação do IR sobre as aplicações em PPC. A primeira é a tributação progressiva compensável, e a segunda, a regressiva. Você deverá optar por um dos métodos ao ingressar num plano de previdência.

Tributação Progressiva Compensável

Nos saques antecipados, a alíquota do Imposto de Renda Retido na Fonte (IRRF) será sempre de 15%. Já no recebimento do benefício, o IR será progressivo de acordo com o montante mensal recebido, oscilando de isento até a alíquota máxima de 27,5% sobre o valor recebido. O IRRF e os valores recebidos deverão ser lançados na Declaração de Ajuste Anual do IR e poderão ser compensados ou restituídos de acordo com os demais componentes da declaração anual.

Tributação Regressiva

Aqui a tributação é regressiva, beneficiando os investidores de longo prazo. Começa com uma generosa alíquota de 35%. Depois, a cada dois anos haverá uma redução de 5%, chegando ao final de 10 anos numa alíquota mínima de 10%. Veja a Figura 34. Em caso de resgate durante o período de acumulação, a contagem do prazo leva em consideração o tempo da aplicação, ou seja, o valor é retirado sempre das contribuições mais antigas para as mais recentes. Nesse tipo de tributação, o IRRF não pode ser compensado ou restituído.

Figura 34: Tributação regressiva do IR

Tempo de Contribuição Para Previdência	Imposto retido na fonte (%)
Até 2 anos	35
Acima de 2 a 4 anos	30
Acima de 4 a 6 anos	25
Acima de 6 a 8 anos	20
Acima de 8 a 10 anos	15
Acima de 10 anos	10

Fonte: Adaptação do autor com informações da Receita Federal (http://idg.receita.fazenda.gov.br/).

Qual Regime de Tributação Escolher?

Teoricamente, o segundo modelo é o mais indicado para pessoas que não pretendem mexer no dinheiro antes de 10 anos, pois a alíquota do IR será de apenas 10%. Também é o mais indicado para aqueles que pretendem resgatar todo o dinheiro de uma só vez. Por outro lado, para quem deseja o benefício mensal, o melhor é optar pela tributação progressiva. Lembre-se: o regime tributário pode ser alterado a qualquer momento durante a fase de contribuição.

Vantagens Fiscais

Uma das grandes vantagens da PPC é que o Imposto de Renda (IR) incide apenas no momento do resgate do dinheiro ou no recebimento do benefício mensal vitalício. Já em outras modalidades, como nos Fundos de Investimentos, a tributação é semestral, pelo sistema de come-cotas, independentemente do saque do dinheiro. Dessa forma, o IR não descontado semestralmente fortalece a composição do montante final, facilitando o "trabalho" dos juros compostos.

Como já dito, existem dois tipos de planos de PPC: o **VGBL e PGBL**. A diferença básica entre os dois planos é a possibilidade de desconto dos depósitos mensais no ajuste anual do Imposto de Renda (IR). O **PGBL** permite a dedução dos aportes financeiros até o limite de 12% sobre o valor total tributável recebido no ano-base.

Outra vantagem dos planos de PPC, como já comentado, é o regime de tributação regressiva, que pode reduzir a alíquota do IR a 10% para investimentos com prazo superior a 10 anos.

Portabilidade

É permitida apenas entre planos de mesma categoria (VGBL para VGBL ou PGBL para PGBL) e somente na fase de contribuição. Portanto, se você estiver insatisfeito com a instituição financeira, você poderá solicitar a transferência dos recursos a qualquer momento, sem ônus, respeitando os aspectos anteriormente mencionados. O processo é simples: basta comparecer ao banco escolhido, munido do extrato da conta de PPC, e solicitar ao gerente a transferência dos recursos. A portabilidade é relativamente rápida e sem burocracia. Contudo, fique de olho: se você optar pela mudança de regime de tributação, da progressiva compensável para a regressiva, num entendimento recente da Receita Federal, o prazo recomeça do zero, o que é péssimo para o investidor. Mas se você tinha escolhido a tabela regressiva no plano anterior, valerá a data dos depósitos anteriores.

Transmissão de Herança — Outro Benefício

Um ótimo benefício do investimento em PPC, e aproveitado por muitos milionários, é que o montante arrecadado na fase de contribuição não entra em inventários de espólio, o que evita pagamentos de impostos e gastos advocatícios. Dessa forma, o valor total da aplicação, descontado o IR, será repassado diretamente aos beneficiários, quase que automaticamente, sem burocracia. Mas atenção: não se esqueça de nomear seus beneficiários e suas respectivas porcentagens ao fazer o plano de previdência.

Outro possível benefício: por lei (artigo 649 do Código de Processo Civil, Lei 5.869/73), esse tipo de investimento não seria passível de penhora para o pagamento das dívidas de seus titulares, entretanto tem havido decisões recentes do Poder Judiciário contrárias a essa premissa. Todavia ainda há muita discórdia sobre o tema.

FIQUE DE OLHO!

Apesar de juridicamente controverso, para a transferência dos planos de PPC em alguns Estados da federação, os herdeiros deveriam pagar um imposto para receber os recursos financeiros, numa alíquota de 2,0 a 8,0%, de acordo com a lei de cada Estado: **Imposto de Transmissão Causa Mortis e Doações (ITCMD)**. Entretanto, em julgamento realizado em 20 de fevereiro de 2018, a Segunda Turma do Superior Tribunal de Justiça (STJ) manteve o entendimento do Tribunal de Justiça de São Paulo de que a transferência do saldo financeiro em planos de previdência privada complementar (VGBL) é isenta do pagamento de tal imposto.

Reajustes e Suspensão

De uma maneira geral, o reajuste do prêmio — contribuição mensal a pagar — é anual e por índice previamente estabelecido, IGPM, por exemplo. O investidor pode solicitar a interrupção da contribuição mensal a qualquer momento, retornando quando for de seu interesse, sem nenhum prejuízo.

Seguro de Vida

Quando o indivíduo inicia um plano de PPC, pode vincular ao plano previdenciário um pecúlio por morte ou invalidez. Essas opções funcionam como um seguro, e os valores dos prêmios são separados, um para a PPC e o outro para o seguro. O valor do seguro é repassado aos familiares em caso de morte ou resgatado pelo contribuinte em caso de invalidez permanente. As regras são semelhantes aos demais seguros. Eu, particularmente, não faço o seguro em conjunto com o PPC, por opção pessoal.

Disciplina

A disciplina é, talvez, o aspecto mais importante desse tipo de aplicação. A maioria das pessoas tende a não mexer nessas aplicações, pois sabe que um resgate precoce é prejuízo na certa, além de existir uma carência para os depósitos mais recentes, 60 dias. Dessa forma, a disciplina de um investimento de longo prazo passa a ser incorporada à mente do investidor.

Garantia

Não há garantia das aplicações por parte do governo federal. Por isso, devemos investir em instituições sólidas e conceituadas. Qualquer dúvida ou suspeita de irregularidade, entre em contato com a SUSEP.

Imposto de Renda — Como Declarar os Planos de PPC no Ajuste Anual?

O PGBL não entra na seção de "bens e direitos". Ele deverá ser declarado na seção de "pagamentos efetuados" (código 36), pois o PBGL entrará como "despesa" do contribuinte e será deduzida do imposto tributável, até o limite máximo permitido, já comentado (12%).

Já o VGBL deve ser declarado no item "bens e direitos" (código 97), porém, recomenda-se declarar apenas os depósitos. Assim, não coloque o saldo total, que inclui também os rendimentos. A tributação do IR ocorrerá no resgate e é de exclusiva responsabilidade do agente financeiro.

Se você precisou sacar parte da sua previdência ou já está na fase de recebimento dos benefícios, deverá ficar atento ao regime de tributação escolhido previamente.

Se você optou pela tabela progressiva, proceda da seguinte forma:

1. Entre em "rendimentos tributáveis recebidos de PJ" e selecione se o valor foi recebido pelo titular (você) ou pelo dependente.
2. Clique em Novo.
3. Informe nome da fonte pagadora, o CNPJ e os rendimentos recebidos.

Quando você faz o saque do dinheiro nesse regime, a alíquota do IRRF é de 15%. Dependendo de outros dados da sua declaração (outras fontes de renda), você poderá pagar um pouco mais de IR ou até mesmo receber a restituição do IRRF.

Se você optou pela tabela regressiva, o IRRF incidirá de acordo com a tabela já comentada, de 35% a 10%, e não pode ser compensado. Faça o seguinte para declarar os rendimentos:

1. Entre em "rendimentos sujeitos à tributação exclusiva".
2. Clique em Novo.
3. Busque o código 12 (outros).
4. Informe a fonte pagadora, o CNPJ e o valor do rendimento.

As Vantagens dos Planos de PPC:

- Vantagens fiscais sobre outros produtos.
- Disciplina.
- Portabilidade.

As Desvantagens dos Planos de PPC:

- Taxas altas de administração.
- Desempenho ruim de alguns planos.
- Risco de crédito por parte do agente emissor.
- Não tem cobertura do FGC.
- O rendimento não é conhecido no momento da aplicação.
- Incidência de imposto de renda.

↳ Conclusão

Aplicar em planos de PPC está longe de ser um investimento ideal, basicamente em virtude do alto custo sobre o capital investido. Porém a disciplina e os benefícios fiscais são vantajosos. Assim, acredito que uma pequena parte das nossas reservas deva ser aplicada em um plano de PPC e sempre em planos vinculados à renda variável. E, não se esqueça, os planos VGBL são os mais indicados para quem opta por fazer a declaração de renda anual pelo desconto simplificado. Lembre-se também de que os recursos aplicados em planos de PPC não entram em inventários de espólio, sendo repassados automaticamente aos seus beneficiários. Antes de fazer seu plano, pesquise, discuta e compare todos os aspectos importantes.

6
Mercado de Ações

A minha principal missão neste capítulo é desmitificar o Mercado de Ações para os pequenos investidores. Posso garantir: aplicar na bolsa de valores não é uma tarefa complexa. Não é um trabalho exclusivo dos investidores profissionais. Com um pouco de estudo e dedicação, você poderá investir conscientemente, montando uma boa carteira de ações com o objetivo de ganhar dinheiro no longo prazo.

O mais importante é respeitar o seu perfil de investidor. Aplique apenas uma parte do seu patrimônio e não exagere na dose. Tenho plena convicção de que toda carteira de investimento de longo prazo precisa, obrigatoriamente, conter uma parte alocada em ações. Não tenho dúvida sobre esse aspecto. Espero que eu possa convencê-lo disso nas próximas linhas.

A Bolsa de Valores Não É um Jogo de Azar

Quase todas as pessoas que não conhecem a dinâmica do Mercado de Ações pensam da mesma forma e afirmam com convicção: a bolsa de valores é um cassino. Um simples jogo de azar; escuto isso todos os dias. Essa é a mentalidade, incluindo a de muitas pessoas de alta escolaridade. A ignorância sobre os fundamentos da bolsa leva a maioria dos indivíduos a pensar assim. Contudo, posso afirmar, categoricamente, que essa não é a realidade. Para você ser bem-sucedido na bolsa, não é preciso ter sorte. É preciso ter conhecimento e dedicação. Ninguém terá sucesso no médio e longo prazo apenas com sorte. Não se iluda. Algumas operações bem-sucedidas até podem ser executadas pelos investidores iniciantes, porém operações positivas e constantes somente serão conseguidas através de muito conhecimento, sabedoria e dedicação.

Por outro lado, talvez o único jogo que pode ser comparado à bolsa de valores é o pôquer. Recentemente esse jogo foi categorizado como "esporte da mente", no mesmo patamar do xadrez. Desse modo, decididamente não é um jogo de azar: para vencer nesse "esporte" não é preciso apenas sorte, mas sim sabedoria, concentração, conhecimento, paciência e controle emocional. Não há outro caminho. Na bolsa, você precisará das mesmas ferramentas do pôquer. Existe um dito popular: numa mesa de pôquer, se você não detectar o "pato" da mesa em poucos minutos de jogo, pode ter certeza, o "pato" é você. Nem todos ganharão dinheiro na bolsa, aliás, boa parte dos pequenos investidores aventureiros perderá. O motivo? Eles acreditam que a bolsa é um jogo de azar. Persistem na ignorância e no erro, esperando a sorte chegar. Posto isto, não seja mais um perdedor. Entre no jogo para ganhar.

Por que Investir no Mercado de Ações?

Simples: ganhar dinheiro e potencializar os rendimentos da sua carteira, garantindo um futuro tranquilo para sua família e ajudando no crescimento sustentável do país. Ninguém terá uma vida confortável aplicando dinheiro apenas na Poupança ou em alguns instrumentos de renda fixa. A finalidade básica dessas modalidades de investimento é garantir o curto prazo: liquidez de dinheiro. Já o mercado de ações tem o propósito de oferecer a você um retorno muito acima desses investimentos. Mas, para isso, é preciso assumir riscos. Não tem como ser diferente. Primeiro, porque você precisa abrir mão da liquidez do dinheiro: é um investimento de longo prazo — mais de cinco anos, talvez dez, quinze ou mais. Segundo, você precisa assumir um maior risco de crédito. Contudo, se executado da maneira correta, o sucesso é quase garantido. É preciso dar tempo ao tempo: é um investimento de longo prazo.

Um mercado de ações forte é vital para o crescimento de qualquer país. As empresas listadas em bolsa captam recursos dos investidores, sem juros, com o intuito de ampliar seus negócios e crescer, aumentando a produção e gerando empregos. Todos ganham. É um ciclo do bem. Em contrapartida, se o mercado de capitais é fraco, as empresas têm poucas oportunidades, crescem menos ou necessitam recorrer aos empréstimos bancários ou a subsídios do governo federal. Todas as empresas podem ser beneficiadas, desde aquelas ligadas aos setores essenciais, como as de infraestrutura, bem como as exportadoras de commodities e os setores do mercado de consumo e varejo. Com a evolução do mercado de capitais, mais e mais empresas podem participar, incluindo as de pequeno porte. Essa é a regra nos países desenvolvidos. Outro fator positivo: você será sócio dessas grandes empresas, sem sair de casa, sem participar diretamente do negócio. Basta investir suas pequenas economias de maneira correta.

Podemos auferir ganhos no Mercado de Ações basicamente de duas maneiras: recebendo os proventos periódicos, a distribuição dos lucros, ou pelo ganho de capital no preço das ações — valorização das ações. É óbvio que quanto mais a empresa cresce e se torna melhor, mais competitiva e eficiente, maior será o preço de suas ações. Um exemplo: as ações da AMBEV subiram mais de 3.000% nos últimos 15 anos. Os motivos? O crescimento da empresa, a eficiência na gestão e uma boa distribuição de lucros para seus acionistas. Os exemplos são fartos na Bovespa, todavia, uma escolha equivocada pode liquidar seus sonhos. Várias empresas naufragaram nesse processo de "crescimento" e perderam seu valor de mercado, justamente pela ineficiência e por decisões equivocadas de seus gestores. Exemplos desse tipo também são numerosos. Assim, fica claro que é preciso saber escolher em qual empresa investir.

Quanto Investir na Bolsa de Valores? Não Aplique o Dinheiro do Aluguel

É lógico que dependerá do tamanho de suas reservas. Como já dito, antes de pensar no longo prazo, é preciso garantir a estabilidade financeira no curto prazo e, para tanto, existem outras modalidades de investimentos com esse intuito, ou seja, liquidez do dinheiro e baixo risco. Essas duas características, decididamente, não pertencem ao Mercado de Ações. Apesar da liquidez diária das ações, para obter sucesso, é preciso tempo. Os grandes retornos somente ocorrem no longo prazo. Para tanto, é preciso paciência, muita paciência. Não queira ficar rico da noite para o dia. Esqueça essa fantasia pueril. A bolsa é um mercado de risco e, por esse motivo, os retornos são maiores. Todavia, num prazo maior, acima de cinco ou mais anos, o risco é mitigado, e as chances de sucesso aumentam. Essa é a lógica do investimento em bolsa.

Dessa forma, aplique no Mercado de Ações somente aquele dinheiro que você não precisará no médio prazo: mais de cinco anos. Não aplique o dinheiro do aluguel, da troca de um carro ou das reservas de curto prazo. O prazo de cinco anos é razoável. O ideal seria mais de 10 ou 15 anos. Aplique o dinheiro e esqueça-o. Esqueça o dinheiro, e não as ações. Você trocou seu dinheiro por ações e por um pedacinho de uma empresa. Daqui para a frente, pense somente nas suas ações, no futuro da empresa, nos lucros constantes e no ganho de capital com o passar dos anos. Esse aspecto é primordial para o sucesso. As pessoas que teimam em investir o dinheiro de curto prazo na bolsa perdem o sono, a razão e, frequentemente, parte do dinheiro investido, pois costumam vender as ações na baixa. Esse é o dia a dia dos pequenos investidores: persistem no erro. Esse fundamento é básico, respeite-o. Seja inteligente.

Quanto mais jovens somos, mais podemos nos arriscar, pois teremos muito tempo para enfrentar as crises vindouras, e elas virão, sempre! Porém, todas serão passageiras. A história das bolsas mundiais é categórica. Nenhuma crise foi eterna. Por outro lado, após certa idade, talvez acima dos 65 anos, devemos reduzir o capital aplicado em renda variável, especialmente aquele aplicado em ações. Uma dica simples: reduza do número 80 a sua idade. O resultado obtido será a porcentagem máxima que você poderá aplicar no mercado de renda variável. Exemplo: se você tem 40 anos, o máximo permitido para você aplicar em ações é 40% do seu portfólio.

Sempre é bom lembrar que existem outros bons investimentos visando o longo prazo, como os títulos do Tesouro Direto, os Fundos Imobiliários e as Debêntures Incentivadas, entre outros, já comentados. O segredo do sucesso é uma boa carteira de investimentos. Não aposte todas as fichas no Mercado de Ações. Diversifique seu portfólio, sempre!

Os Ciclos do Mercado Acionário

Existem vários ciclos no mercado de ações, desde os mais longos até os mais curtos, como aqueles que ocorrem dentro de um único pregão. Uma característica comum a todos é o retorno à média. Essa regra quase nunca tem exceção. Assim, sempre teremos os períodos de correção após a euforia do mercado, como também veremos os preços subirem após os tempos nebulosos de pessimismo exagerado. Contudo, o mais importante é que num mercado em alta, a média é sempre ascendente, pois as correções são mais breves que os períodos de alta. Quer um exemplo categórico? Veja na Figura 35 o gráfico do Índice Dow Jones (DJI) da Bolsa de Nova York, desde o fim da crise de 1929 até abril de 2018. Depois da mínima ocorrida em 1932 até o topo em janeiro de 2018, a alta foi exponencial, mais de 60.000%! Isso mesmo, 60 mil por cento, mesmo com todas as crises ocorridas, incluindo duas guerras mundiais. No longo prazo, todas as bolsas de valores subirão: perceba no gráfico que a média é ascendente: linha vermelha oblíqua. As empresas ruins são expurgadas. Insisto: uma carteira de longo prazo precisa ter ações, obrigatoriamente.

Figura 35: Evolução do Índice Dow Jones desde o fim da crise de 1929 até abril de 2018

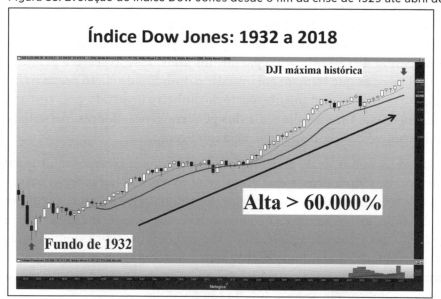

Fonte: Elaboração do autor com dados oriundos do software de análise gráfica Profitchart RT, da empresa Nelógica (www.nelogica.com.br).

A nova metodologia do IBOV, que começou a vigorar em 2014, trará ótimos benefícios para o índice ganhar mais força. O mercado nacional subiu fortemente de 2002 a 2008, mais de 700%. Passamos por um longo período de correção/estagnação até janeiro de 2016. De lá para cá (abril 2018), o IBOV dobrou de valor. E, possivelmente, temos muito mais a subir. Os ciclos de alta duram, em média, cinco a sete anos. Os juros básicos baixos, a inflação controlada e a retomada da economia favorecerão o desempenho das empresas e, por conseguinte, do Mercado de Ações. Se o ajuste fiscal continuar nos próximos anos com as reformas que o Brasil precisa, podemos ter um ciclo virtuoso ainda mais longo.

Do ponto de vista dos gráficos, ainda temos muito espaço para subir. Se retomarmos nos níveis da bolsa em dólares no ano de 2008, alcançaremos os 150 mil pontos. Um ETF Brasil negociado nos Estados Unidos, o EWZ, corrobora esse número (esse ativo é semelhante ao BOVA11, que estudaremos em breve, que segue o IBOV, porém é negociado em dólares no mercado americano). Veja imagem a seguir:

Figura 36: Desempenho do ativo EWZ no período de 2007 a 2018

Fonte: Elaboração do autor com dados do site www.tradingview.com.

E mais: esse número é apenas o retorno aos níveis de 2008. Acredito que podemos ir muito mais longe. Verdadeiramente, o céu é o limite se o Brasil voltar a crescer fortemente nos próximos anos.

⇨ O que é uma Ação?

Uma ação é a menor fração de uma empresa de capital aberto. Dessa forma, o direito sobre a empresa é proporcional ao número de ações que cada investidor possui. A empresa abre seu capital — vendendo ações no mercado primário — com o intuito de buscar recursos mais baratos no mercado financeiro, sem perder o controle acionário e o das decisões da empresa. Cada empresa tem um número específico de ações, assim, o valor unitário de uma determinada ação não pode ser comparado ao valor unitário de outra empresa, pois o preço de uma ação depende do valor total de mercado da empresa dividido pelo número total de ações. Logo, uma grande empresa pode ter o mesmo valor unitário por ação que uma pequena empresa. Muitos iniciantes e leigos frequentemente confundem esse aspecto.

⇨ Índice Bovespa — IBOV

O Índice Bovespa foi criado em 1968 e é considerado o mais importante indicador de desempenho médio do mercado de ações brasileiro. Sua importância está no fato de reunir os principais papéis negociados na Bolsa de São Paulo. Com o intuito de aprimorar o desempenho do índice e corrigir falhas na metodologia, no final de 2013 a direção da Bovespa anunciou a primeira mudança metodológica no cálculo do índice. Desde maio de 2014, já temos a nova composição do IBOV. Agora, existe prioridade do valor de mercado da empresa, e não somente em relação ao volume financeiro negociado das ações. A vantagem é que ativos ruins podem até apresentar grande volume financeiro negociado em bolsa, mas não ter bons fundamentos. Outra mudança é a exclusão de ações com valor inferior a R$1. Atualmente, o índice é composto por, aproximadamente, 60 ações e é revisto a cada quatro meses, ou seja, algumas ações podem entrar ou sair do índice, além de poder ocorrer alteração no peso de cada ação. A cada ação do índice é dado um peso de importância. Confira na Figura 37 as principais ações que compõem o índice — março de 2018 — e, depois, acesse o site da B3[1] e veja a composição atual do IBOV.

---

1 Nota: O conteúdo dos sites citados são de responsabilidade do autor.

Figura 37: Composição do Índice Bovespa em março de 2018

Composição IBOV – Março 2018

Composição do IBOV	2015	fev/16	ago/16	fev/17	mar/18
Itaú e Itaúsa	14,20%	14,00%	13,89%	14,61%	15,32%
Bradesco	8,55%	10,00%	9,75%	9,33%	9,57%
Ambev	7,88%	7,02%	7,97%	6,86%	6,76%
Petrobrás	7,63%	8,69%	8,64%	9,72%	11,07%
Vale	5,41%	6,80%	5,93%	10,55%	9,32%
BR Foods	5,02%	3,44%	4,26%	2,87%	1,44%
Cielo	3,67%	3,56%	3,41%	2,31%	1,81%
Ultrapar	2,90%	3,00%	2,85%	2,40%	2,13%
JBS	2,80%	1,75%	1,96%	1,62%	1,07%
BM&Fbovespa	2,73%	3,52%	3,49%	3,05%	3,87%
BB Seguridade	2,37%	2,66%	2,12%	1,70%	1,39%
Vivo	2,36%	2,38%	2,27%	1,70%	1,52%
Embraer	2,17%	1,30%	1,14%	1,19%	1,14%
Banco Brasil	1,85%	2,09%	2,65%	3,60%	3,77%
Kroton		2,25%	2,57%	1,70%	1,51%
Lojas Renner			1,77%	1,45%	1,77%
Total	69,54%	72,46%	74,67%	74,66%	73,46%

www.investircadavezmelhor.com.br

Fonte: Elaboração do autor com dados da B3 (www.b3.com.br).

Os Proventos

Proventos são lucros de uma empresa que serão revertidos aos seus acionistas. Por lei, toda empresa de capital aberto no Brasil deve distribuir no mínimo 25% de seus lucros anuais aos acionistas. Entretanto, existem mecanismos legais que permitem que essas empresas destinem grande parte de seu lucro para o reinvestimento na própria empresa. Basicamente, os proventos podem ser divididos em dividendos, Juros sobre Capital Próprio (**JCP**), bonificação em ações e subscrição de ações.

Os dividendos são os mais conhecidos. A empresa distribui os lucros aos detentores de suas ações, de acordo com a posição acionária no dia determinado pela Assembleia Geral. Assim, em tal data, o acionista terá direito a receber sua parte em dinheiro, proporcional ao número de ações. Numa data posterior, o crédito é depositado na conta do cliente. No Brasil, os dividendos são livres de imposto de renda (IR), o que é muito bom para o investidor. Por outro lado, a empresa não pode colocar essa despesa na contabilidade, pois se trata de uma distribuição de lucros e não de uma despesa propriamente dita. Dessa forma, foi criada outra maneira legal de distribuição de lucros nos idos da década de 90, os **JCP**. Aqui, essa distribuição de lucros entra como "despesa" na contabilidade da empresa, o que reduz seu lucro final e, por conseguinte, o pagamento de IR pela empresa. Entretanto o acionista que recebe os **JCP** recolhe 15% de imposto de renda retido na fonte. Existe um teto máximo para que a empresa faça o pagamento de lucros através de JCP. Fica limitado à incidência da Taxa de Juros de Longo Prazo (TJLP) sobre o capital próprio da empresa — patrimônio líquido — para realizar essa operação. Complexo? Não se preocupe, o importante é saber que os dividendos recebidos são isentos de IR e o pagamento de JCP é tributado em 15% na fonte.

A empresa pode optar por distribuir lucros através de cessão de novas ações (**bonificação**), ou seja, o acionista recebe algumas ações da empresa, sem nenhum custo, aumentando sua posição acionária. Outra forma de distribuição de lucros é através do **direito de subscrição** de ações. A subscrição é um direito do acionista de comprar uma nova ação, por um preço pré-determinado pela empresa e numa data pré-estabelecida. Caso o acionista opte por não exercer seu direito de compra, perde a subscrição. Havendo interesse do investidor em adquirir as novas ações através do direito de subscrição, ele deve seguir os passos referidos no documento emitido pela empresa (aviso aos acionistas) e procurar o agente emissor (banco), sempre respeitando os prazos predeterminados. O direito de subscrição de uma ação pode ser negociado na bolsa, como se fosse um ativo qualquer, podendo inclusive gerar algum lucro. Porém, no vencimento do mesmo, ele perde a validade.

Ações "Ex-dividendos"

Quando uma empresa distribui lucros aos seus acionistas, o montante rateado será descontado do valor de mercado da mesma e, por conseguinte, do valor unitário de cada ação. As chamadas ações **"ex-dividendos"** são aquelas que perderam o direito de receber o lucro a ser distribuído pela empresa. Assim sendo, no primeiro dia útil estipulado pela empresa, em geral, antes da data do pagamento do provento, a ação perderá o valor que será distribuído e passará a ser chamada de **"ex-dividendos"**, ou seja, a ação perderá valor nominal — referente ao valor do lucro pago por ação — e ficará sem o direito sobre o lucro que será distribuído.

Ações Preferenciais e Ordinárias

As ações ordinárias (ON) são aquelas que dão direito a voto nas assembleias gerais. Por outro lado, teoricamente, as preferenciais (PN) recebem dividendos proporcionalmente maiores do que as ordinárias, porém não dão direito a voto. Em geral, as ações preferenciais têm maior liquidez. De uma maneira geral, as oscilações nos preços das ações de uma mesma empresa são correlatas, exceto em algumas poucas situações, especialmente nos momentos especulativos.

A ação ordinária costuma ser mais cara, ou seja, é negociada com um prêmio em relação à preferencial. A ação ordinária é reconhecida pelo final "3". Já as preferenciais, podem ter finais "4", "5" ou "6". Outra característica importante da ação ordinária é a presença de **tag along**, isto é, em caso de mudança no controle acionário da empresa, o acionista minoritário terá o direito de receber pelas suas ações um valor próximo ao pago pela aquisição das ações dos acionistas majoritários, comumente numa proporção mínima de 80%, dependendo do contrato social da empresa. Isso ocorre porque, na compra do controle acionário de uma empresa, os compradores pagam um ágio em relação ao preço de Mercado das Ações. Assim, com esse mecanismo de proteção, os acionistas minoritários também são beneficiados. Existem outros tipos de ações, com menor importância para os acionistas minoritários.

Novo Mercado da B3

Visando a melhoria do nível de governança corporativa das companhias listadas, a B3 criou o segmento **Novo Mercado**, que representa o grau máximo de transparência na gestão e condução da empresa, e melhor, preservando o direito dos minoritários e uma melhor comunicação da empresa com seus sócios, incluindo os investidores estrangeiros. Várias empresas recentemente migraram para esse segmento, como a VALE S.A. e a Suzano Papel e Celulose. As empresas do Novo Mercado têm apenas ações ordinárias, final "3". Os níveis I e II são outros graus importantes de governança.

Códigos das Ações

As ações são representadas por códigos (**tickers**), compostos por quatro letras e um número. A mesma empresa pode apresentar mais de um código por ter várias classes de ações negociadas em bolsa. No chamado Novo Mercado da B3, a empresa lança apenas um tipo de ação no mercado, a ordinária, final "3". Essa é uma tendência da nossa bolsa e algumas empresas estão se adequando às regras do Novo Mercado da BM&FBOVESPA e convertendo suas antigas ações em um único código.

UNITS

Segundo a definição da própria BM&FBOVESPA, as **UNITS** são ativos compostos por mais de uma classe de valores mobiliários, como uma ação ordinária e quatro ações preferenciais, por exemplo, negociadas em conjunto. São compradas e/ou vendidas no mercado como uma unidade. Portanto, são verdadeiras cestas de ativos, representando um grupo de ações, sejam elas ordinárias, sejam preferenciais, numa proporção pré-determinada pela empresa antes da abertura do capital. Usualmente, são identificadas pelo final "11", mas não exclusivamente. Um exemplo: em 2017, as ações da Sanepar (Companhia de Saneamento do Estado do Paraná) foram convertidas em UNITS, para SAPR11, sendo que cada UNIT é composta por quatro preferenciais e uma ordinária. A tendência é que as ações preferenciais ou ordinárias percam a liquidez com o tempo.

ISHARES

São fundos baseados em índices, ou seja, Fundos de Investimento em índice de mercado, conhecidos em outros países como **ETFs (Exchange Traded Funds)**. Cada fundo de índice busca um retorno de investimento que corresponda ao desempenho de um determinado índice de referência (*benchmark*) e têm suas cotas negociadas no mercado secundário. Assim, o BOVA11 é um fundo de índice cujas cotas são negociadas na bolsa e que busca retornos semelhantes aos ganhos do Índice Bovespa, pois teoricamente apresenta uma carteira de ações na mesma proporção da composição do Ibovespa.

Outros fundos interessantes: PIBB11 e SMAL11, dentre outros. O primeiro é muito semelhante ao BOVA11, porém tem menor liquidez e a vantagem de uma menor taxa de administração. O segundo fundo tem liquidez ainda menor; todavia, pode ser um instrumento muito interessante para investir em empresas de pequeno porte visando o longo prazo, haja vista que você não precisa selecionar as empresas em si, pois o próprio fundo faz a seleção das empresas com maior potencial de retorno.

A Mudança Frequente nos Códigos das Ações

É muito mais frequente do que se imagina a mudança nos códigos das ações negociadas na B3 por decisão da Assembleia Geral da empresa, seja por fusão, seja por adequação às regras do Novo Mercado da B3. Exemplos: em 2017, as ações preferenciais da VALE (VALE5) foram convertidas em ordinárias (VALE3). Atualmente, só existem as ações ordinárias. As ações da Suzano Papel e Celulose seguiram o mesmo caminho.

Evite o Mercado Fracionário

Basicamente, temos dois Mercados de Ações: o integral e o fracionário. No integral, os ativos são negociados em lotes padronizados, comumente em lotes de 100 ações. No fracionário, as ações podem ser negociadas em quantidade inferior ao lote padrão. O grande problema do mercado fracionário é a menor liquidez, o que em geral determina um grande **spread** entre as ofertas de compra e venda. Assim, evite operar nesse mercado. Por outro lado, esse mercado é importante em algumas situações, por exemplo, após a aquisição de ativos numa oferta pública de ações (IPO) ou na bonificação de ações, em que teremos uma posição em números "quebrados", precisaremos desse mercado para equilibrar nossa posição, ou seja, retornar à proporção dos lotes padronizados. Obviamente, quando a disponibilidade financeira não for suficiente para a aquisição de um lote inteiro de ações, a única opção será participar desse mercado.

A Nossa Eterna (e Total) Dependência do Mercado Externo

Infelizmente, somos muito dependentes do mercado externo. Relatórios financeiros e notícias internacionais, especialmente da China, da Europa e dos Estados Unidos, afetam de maneira aguda a nossa bolsa de valores. O principal motivo dessa dependência decorre do fato de que as principais empresas brasileiras listadas na BM&FBOVESPA são exportadoras de matérias-primas (**commodities**). Além do que, teoricamente, o nosso mercado apresenta maior risco que o dos países do primeiro mundo. Outro fator é que cerca de 50% dos investidores da B3 são estrangeiros. Assim, as oscilações geradas nos mercados internacionais, principalmente nos Estados Unidos e na Europa, são refletidas aqui, e pior, muitas vezes com maior intensidade. Essa é a regra.

Por uma questão óbvia de fuso horário, os mercados da Europa são os primeiros a abrir; se abrirem em queda, a chance de acompanharmos é grande. Logo depois da abertura do nosso mercado, temos o início dos negócios em Nova York (**Wall Street**), quando podemos sofrer outro "baque".

Horário de Funcionamento da B3

Até 2018 tínhamos dois horários de funcionamento da B3 durante o ano: o normal, de março a outubro, e o vigente durante o horário de verão. Assim, no período normal, a B3 abre das 10 horas da manhã às 17 horas, sem intervalos. Antes da abertura, temos o leilão de abertura, que ocorre 15 minutos antes, e determina o preço inicial dos ativos. Nos 5 minutos finais do pregão temos o leilão de fechamento, com a mesma finalidade. Durante o horário de verão, nos últimos anos, a B3 prolongava o período das negociações em uma hora (até às 18 horas). Porém, no mês de abril de 2019, o atual Presidente da República do Brasil revogou a lei do horário de verão, que na prática acaba com a vigência do mesmo a partir de 2019. Assim, é preciso aguardar o segundo semestre para saber qual será a postura da B3 a partir de agora.

Uma característica peculiar do nosso mercado é o **after-market**. Após o fechamento do pregão, temos outro período de negociação, das 17horas e 30minutos até às 18 horas, criado com o objetivo de facilitar a presença de pessoas que não podem acompanhar o mercado durante o período regular de negociações. Neste período existem algumas limitações: a oscilação máxima permitida no preço do ativo é de 2% em relação ao preço de fechamento do pregão regular; existe um limite financeiro para cada negociante (100 mil reais por CPF) e neste período a liquidez é menor, e o **spread**, consequentemente, maior. Também não é permitida a negociação de derivativos, como exemplo, as opções. Até 2018, na vigência do horário de verão, o after-market era abolido.

Principais Setores da Economia

Podemos dividir a economia em alguns grupos ou setores. Cada setor tem as suas nuances, sazonalidades e características próprias. Os principais setores da economia são: bancário, mineração e siderurgia, petróleo e outras fontes enérgicas, construção civil, elétrico, transportes, educacional e consumo (varejo). Evite comprar múltiplas ações do mesmo setor e ao mesmo tempo, pois normalmente elas andam juntas.

É importante se lembrar também das empresas voltadas ao mercado externo — exportadoras —, que usualmente têm receita em dólar americano.

Blue Chips, Middle Caps e Small Caps

As principais e maiores empresas da bolsa são denominadas pelo mercado financeiro de **Blue Chips**. Portanto, representam as ações mais líquidas, mais negociadas e com maior volume financeiro. A Vale S.A., a Petrobras e os principais bancos (Itaú, Banco do Brasil e Bradesco) são os principais exemplos desse grupo.

Small Caps, ou empresas de "terceira linha", são aquelas que, em geral, apresentam um valor de mercado inferior a R$5 bilhões, mas não há um consenso sobre esse conceito. São ações mais voláteis e que apresentam maior risco, em contrapartida, são os ativos que podem gerar os maiores ganhos. Aqui, a seleção do ativo deve ser bastante rigorosa, e os fundamentos da empresa são primordiais.

Entre os dois grupos, existem as empresas de médio porte — **Middle Caps**. Esses papéis apresentam boa liquidez, e também bom retorno. Geralmente, essas ações fazem parte do índice Bovespa. Por último, existem ainda as **Microcaps**, que são empresas ainda menores que as demais. Sempre é bom frisar que essas empresas podem ter uma excelente valorização no médio e longo prazo. Mais uma vez, repito: não há um consenso na nomenclatura dessas empresas.

Os Players do Mercado de Ações

Antes de entrar para o Mercado de Ações, devemos entender e reconhecer quem são os **players** desse mercado. Segundo o jornalista e economista Mauro Halfeld, podemos classificar os operadores em três grandes grupos: **os investidores, os especuladores e os manipuladores.**

O primeiro deles é o **investidor**, ou seja, aquele indivíduo ou gestor que vislumbra uma grande perspectiva de crescimento de uma empresa no futuro e quer fazer parte dessa sociedade. Adquire parte das ações da empresa no mercado secundário (bolsa de valores) e as mantêm por tempo indeterminado, esperando os bons resultados. Os lucros podem ser resultado dos proventos distribuídos aos acionistas ou da valorização da ação com o tempo (ganho de capital). Fazem parte desse grupo as pessoas físicas, os clubes de investimentos, os grandes fundos etc. Muitas vezes, a própria empresa pode recomprar parte de suas ações quando o conselho de administração julgar que o preço de mercado está abaixo do valor patrimonial.

Outro participante fundamental para a dinâmica do mercado de ações é o **trader**, ou muitas vezes denominado, de maneira pejorativa, de **especulador**. O objetivo desse grupo é o mesmo, ou seja, lucros, porém com uma visão de curto prazo, aproveitando as oscilações peculiares do mercado de renda variável. Ele utiliza-se de informações públicas e de ferramentas disponíveis a todos; tudo dentro da lei. Apesar de sempre marginalizado pela maioria das pessoas, são eles que dão a liquidez necessária ao mercado acionário. Assim, a ausência desse grupo seria extremamente prejudicial aos investidores, pois o investidor teria dificuldade em desfazer-se de suas ações. Portanto, existe uma clara relação de simbiose entre os investidores e os especuladores, ambos com o mesmo objetivo, porém com táticas operacionais diferentes e lícitas. Gostaria de citar ainda que esses dois grupos se misturam e todos, de uma forma ou de outra, deveriam ser chamados de **investidores**.

Por últimos, existem os **manipuladores**. Estes sim deveriam ser completamente banidos do mercado. Através de informações privilegiadas ou de grande fluxo de caixa, manipulam os preços das ações com o intuito de forjar a valorização ou a desvalorização das mesmas. A B3, nos últimos anos, vem tentando afastar e diminuir a ação desses grupos através de novas regras de transparência, porém, sua eliminação completa é praticamente utópica.

Investidor x Trader

Como comentado, poderíamos dividir os investidores na bolsa de valores em dois grupos. Os investidores de longo prazo e os de curto prazo. Os investidores de longo prazo utilizam a análise fundamentalista para comprar os ativos e, em geral, os seguram em carteira por um longo tempo — estratégia de **Buy and Hold**. Para os investidores de longo prazo, a análise técnica seria dispensável, apesar de nem todos concordarem com essa premissa, como eu. Acredito que a análise técnica pode ajudar os investidores de longo prazo no **timing** correto para a aquisição do ativo.

Por outro lado, os traders usam estratégias completamente distintas que visam operações de curto prazo para auferir lucros em tempos reduzidos, tudo dentro da lei e de forma transparente. A principal arma dos investidores de curto prazo é a análise dos gráficos. O trader não tem interesse em ser sócio da empresa. Para ele, não interessa se a empresa é boa ou não; basta que ela tenha liquidez e volatilidade.

A liquidez do mercado de ações é mantida pelos traders. Escrevo isso com muita tranquilidade, pois atuo nos dois campos. Tenho investimentos de longo prazo (a grande parte do meu portfólio), mas também mantenho uma pequena parcela do meu patrimônio em operações que visam exclusivamente o curto prazo. Se você optar por investir assim, faça o mesmo, e utilize apenas uma parte de seu capital para operações de curto prazo.

O que você não pode fazer é misturar os dois objetivos, o que frequentemente os amadores fazem, e de maneira equivocada. Por exemplo: você opta por comprar um determinado ativo visando o longo prazo, mas, após um pequeno ganho, resolve vender e realizar o lucro. Isso é o medo de perder o lucro conquistado e, frequentemente, limita a oportunidade de obter lucros ainda maiores. Por outro lado, você começa uma operação de curto prazo, mas em seguida o trade começa a gerar prejuízo. Em vez de realizar o prejuízo e partir para outra, você decide ser um investidor de longo prazo. Na verdade, passa a ser um torcedor. Para obter sucesso, decididamente, precisa evitar os erros pueris dos amadores.

Não Compre Ações Baseado nas Dicas da Academia

A maioria dos pequenos investidores compra uma determinada ação, apenas pela recomendação de uma corretora, de um site, de uma pessoa mais próxima ou até mesmo de um conhecido da academia. Esses "micos" são corriqueiros. Comumente, o investidor nem sabe o que a empresa faz, produz ou vende. A compra é feita por instinto. Quais as razões desse impulso? A esperança de um retorno fácil no curto prazo e a preguiça de "estudar" a empresa. A forma correta de comprar uma ação é bem diferente. O sucesso no mercado de ações depende de uma rigorosa seleção de ativos. Não é preciso ser um especialista no mercado para fazer boas escolhas. Contudo, é preciso obter e filtrar as boas informações disponíveis aos pequenos investidores.

A finalidade principal de qualquer empresa é criar valor para seus acionistas, ou seja, gerar uma rentabilidade superior à que eles conseguiriam em outros investimentos de menor risco, como a renda fixa. Uma empresa que cuida bem de seus clientes e funcionários, e que tenha responsabilidade social e ambiental, terá uma maior chance de sucesso, porém, não se iluda: o objetivo principal é o lucro! Portanto, aprender a selecionar as empresas certas é o primeiro passo.

Basicamente, o preço de uma ação sobe por três simples motivos: pelos resultados operacionais consistentes, no passado e no presente, pela boa expectativa em relação ao futuro da empresa e, por último, por uma dose de especulação misturada com otimismo. É óbvio que a situação macroeconômica no Brasil e no mundo interfere diretamente nesses fatores.

Analisar o futuro de uma empresa nem sempre é uma tarefa fácil. Existem os fatores mensuráveis e os subjetivos, os chamados intangíveis. Os valores intangíveis dizem respeito a algo não palpável. Assim, o poder de uma marca de uma determinada empresa não é mensurável. Uma marca conhecida pode vender seu produto mais caro e com maior margem de lucro. Qual o valor da marca "Coca-Cola"? O poder de novas ideias também não é mensurável. Investimentos em pesquisa e desenvolvimento de novos produtos podem aumentar o **market-share**, que representa a fatia de participação da empresa em seu segmento de mercado. Uma ótima gestão também é fundamental para o crescimento de uma empresa, e também não é tangível. Logo, uma boa relação com fornecedores, colaboradores, funcionários e investidores é de suma importância para o êxito de uma companhia. A correta aplicação dos recursos financeiros disponíveis também faz parte uma boa gestão.

Como comentado, os fatores externos à empresa, os macroeconômicos, podem destruir temporariamente os bons fundamentos. Entretanto a expectativa de bons resultados no futuro é o principal quesito a ser avaliado, mas com certeza é o aspecto mais difícil de ser replicado nas diferentes análises feitas por especialistas certificados nas diferentes corretoras. Já a especulação e o otimismo fazem parte do mercado de renda variável. Não há como eliminá-los: devemos entendê-los!

Assim, o que restou para avaliar se devemos ou não comprar uma determinada ação? Os balanços trimestrais. Os resultados operacionais são as principais ferramentas de uma boa seleção de ações. Os dados podem ser obtidos gratuitamente em vários sítios especializados, como no site www.fundamentus.com.br. Os balanços financeiros são divulgados e atualizados a cada trimestre, e os índices oscilam de acordo com a cotação diária dos ativos.

O Que Você Deseja de uma Empresa?

Vamos imaginar que você e um grupo de amigos se reúnam com o propósito de fundar uma empresa. Quais seriam os principais objetivos? O mais importante, sem dúvida, é que a "nova S.A." gere lucros aos acionistas, no caso, você. Certo? Não tem sentido a existência de uma companhia sem essa premissa básica. Contudo, para isto acontecer, vários aspectos são relevantes. Vejamos, a seguir, os dez principais:

1. Antes de tudo, a empresa precisa ter um bom produto. Nenhuma empresa sobrevive no longo prazo sem uma boa mercadoria. As grandes marcas atingiram esse status oferecendo aos clientes um produto de alta qualidade.

2. É preciso vender muito para obter um bom faturamento. Não adianta ter um bom produto e ele ficar estocado na empresa. A produção precisa ser vendida.

3. O controle das despesas é essencial, caso contrário, o alto custo da produção consumirá grande parte dos lucros. Assim, não basta faturar muito, é preciso ter uma boa margem de lucros. Aliás, uma boa margem é a palavra-chave para um negócio de sucesso.

4. É preciso ter dinheiro em caixa, seja para honrar as dívidas, seja para novos investimentos. Nenhuma empresa consegue manter bons resultados no longo prazo sem investimentos constantes. Para os novos investimentos, é preciso de dinheiro líquido, através de um bom caixa ou de um bom financiamento.

5. Dívidas em excesso e não controladas afetam significativamente o desempenho da empresa. Empresas com dívidas em excesso são malvistas pelo mercado e não conseguem linhas de financiamento camaradas.

6. Perpetuidade. Queremos uma empresa que seja longeva. Assim, o produto precisa ser "eterno". Várias e várias empresas se perderam no caminho, pois seus produtos tornaram-se obsoletos. Avalie o produto da empresa e faça uma perspectiva sobre o futuro... Pense: cadê o filme fotográfico da Kodak?

7. É preciso crescer. Qualquer negócio se beneficia do crescimento sustentável da empresa. Todavia, um crescimento desordenado e ineficiente poderá implodir os outros bons fundamentos. É muito comum, no mercado de capitais, algumas empresas executarem expansões, aquisições e fusões malsucedidas. Por outro lado, boas aquisições apresentam sinergia e maior eficiência para o negócio.

8. Empresa inovadora. Quanto mais inovadora, melhor. A Apple é o grande exemplo recente. O lançamento do Ipod, do Iphone e do Ipad na primeira década deste século mudou drasticamente o futuro da empresa... Por outro lado, bons negócios chamam concorrentes. E quanto mais concorrentes, mais árduo será o caminho da empresa.

9. Parte dos lucros precisa ser revertida em proventos. O objetivo principal de qualquer investidor é receber dividendos. Sempre. É óbvio que, no começo de uma companhia, grande parte dos lucros precisa ser reinvestida na própria empresa. Porém, essa abstinência precisa ser recompensada por um crescimento sustentável da empresa e pela distribuição de lucros mais generosos no futuro.

10. E, talvez o mais importante: a empresa, para obter sucesso, precisa de uma boa gestão. Uma má administração afeta o potencial e o desempenho de qualquer empresa. Os cenários desafiadores, como nas crises, requerem um melhor gerenciamento da companhia.

Desta forma, de uma maneira simples, procurei exemplificar os principais fundamentos de uma empresa ideal. Para selecionar boas ações, devemos fazer o mesmo e utilizar esses quesitos. É óbvio que na prática não é tão fácil assim. Mas os fundamentos são os mesmos, e posso afirmar que em pouco tempo você conseguirá identificar os bons ativos. Em breve, voltaremos ao assunto.

Análise Fundamentalista ou Técnica: Qual Escola Seguir?

Após a leitura do último tópico, fica claro que, para o pequeno investidor de longo prazo, o que interessa de verdade são os fundamentos das empresas. Devemos comprar ações de empresas maduras e eficientes, ou de empresas com grande potencial de crescimento. Queremos ser sócios de empresas vencedoras, queremos lucros, queremos aumentar as nossas reservas financeiras. Esse é o nosso principal objetivo na bolsa de valores. Portanto, fuja das companhias perdedoras e mal geridas.

Através de alguns bons indicadores fundamentalistas, como estudaremos em breve, podemos selecionar os ativos e montar uma ótima carteira de ações. Os bons corretores, os analistas profissionais e a mídia especializada podem nos auxiliar na escolha das ações, todavia, a decisão final sempre deve ser do próprio investidor. Avalie a empresa, estude o nicho ao qual ela pertence e depois faça a compra. Evite comprar mais de uma empresa por setor da economia, pois elas costumam andar juntas. Escolha a melhor.

Podemos dividir a economia em grupos ou setores. Cada setor tem as suas nuances, sazonalidades e características próprias. Os principais setores da economia são: bancário, mineração e siderurgia, petróleo e outras fontes energéticas, construção civil, elétrico, transportes, educacional e consumo. Sugiro a escolha de uma empresa por cada setor, no máximo duas.

Na bolsa de valores, basicamente temos dois tipos de empresas listadas: as maduras e as de crescimento. As primeiras são empresas bem estabelecidas, sustentáveis e amplamente conhecidas. Algumas delas pagam bons dividendos. Porém, as grandes oportunidades estão nas pequenas empresas, aquelas com bom potencial de valorização das ações. O crescimento da companhia pode ser exponencial num prazo relativamente curto. Contudo, a seleção das empresas de pequeno porte (**small caps**) deve ser ainda mais rigorosa.

Outro conceito importante: as grandes empresas exportadoras de commodities ainda são muito relevantes na bolsa brasileira (Vale, Petrobrás etc.), porém, elas são cíclicas. Alternam momentos de grande euforia com outros períodos de queda; por vezes, com longos períodos de queda. De uma maneira geral, os períodos de baixa são boas oportunidades para aumentar a posição no ativo. O ideal é montar uma carteira bem diversificada e aproveitar todo o potencial da bolsa de valores.

E a análise técnica? A princípio, os gráficos têm pouca importância para o investidor de longo prazo. Escrevo isso com muita convicção, pois sou analista gráfico profissional (CNPI-T) e também opero no curto prazo através dos gráficos. Posso afirmar categoricamente que, para as pessoas com pouca experiência, eles mais atrapalham do que ajudam. Assim, lembre-se de que os investimentos no longo prazo combinam com a análise fundamentalista, e os de curto prazo, com a análise técnica. Contudo é óbvio que, se o investidor buscar um bom conhecimento sobre o tema, ele poderá potencializar seus ganhos. Mas, o mais importante: nunca misture os prazos operacionais. Esse pode ser um erro fatal!

Análise Fundamentalista — Selecionando as Ações

Regra número 1: compre barato. Ninguém sabe o valor futuro de um ativo e nunca saberá. Assim, nenhuma pessoa pode afirmar com certeza o potencial de valorização de uma ação. O que temos em mãos é o preço atual de mercado, ou seja, o valor que o mercado está disposto a pagar naquele momento. A partir dele, é preciso avaliar se a ação em questão está cara ou barata. Pagar caro é muito arriscado. Comprar barato é o objetivo principal. Será a nossa margem de segurança do investimento — temos que mitigar o risco de queda. Porém, muito cuidado com ações em forte queda. A compra de ativos muito desvalorizados pode ser um péssimo negócio. Empresas ruins comumente perdem grande parte do seu valor de mercado. A nossa missão é buscar boas empresas e negociadas a preços razoáveis. Essa é a lógica do bom investidor. Portanto a **regra número 2**, tão importante como a primeira, é comprar apenas ações de boas empresas. O objetivo deste capítulo é mostrar para você quais os indicadores fundamentalistas, também chamados de múltiplos pelo mercado, que devem ser avaliados com esse intuito.

As principais razões da existência de uma empresa são a geração de empregos e impostos, beneficiando direta e indiretamente o bem-estar da população, e também, de suma importância, proporcionar lucros para os seus acionistas. E melhor, queremos lucros constantes e, se possível, resultados melhores no futuro (sempre é bom repetir esses conceitos básicos — é preciso sedimentá-los). Assim, precisamos escolher as melhores empresas. Queremos ser sócios e partilhar do sucesso. Não queremos dívidas. Não queremos má gestão. Pense rápido: você investiria numa empresa na qual o seu principal controlador, o acionista majoritário, interfere diretamente na gestão e prejudica de forma recorrente os lucros da empresa e, por conseguinte, seus acionistas? Com certeza a reposta é não. Isso, muitas vezes, ocorre nas estatais listadas em bolsa, em que o governo federal, por interesses próprios, interfere na gestão da empresa o que, frequentemente, prejudica os interesses dos investidores minoritários. Fique atento.

Para separar o joio do trigo, existem os indicadores fundamentalistas, os nossos grandes aliados. Não é preciso ser um grande especialista para dominá-los. Todo investidor almeja o retorno financeiro. Uma companhia que gera bons lucros é quase sempre bem avaliada pelo mercado. Contudo, o preço da ação pode estar momentaneamente caro, apesar dos bons fundamentos. O que fazer? Existem vários indicadores fundamentalistas — baseados nos dados oriundos dos balanços trimestrais obrigatórios — que buscam comparar o preço vigente da ação (preço de mercado), com o valor contábil da ação. A partir daí, podemos avaliar se a ação está cara ou barata. A seguir, descrevo os indicadores que julgo mais importantes. Nenhum deles deve ser avaliado isoladamente. O ideal é avaliar em conjunto. Outro ponto significativo é que, num primeiro momento, os indicadores podem parecer muito complexos, mas basta um pouco de dedicação e você perceberá que não são. E o mais importante: é preciso ter familiaridade com os termos utilizados nos relatórios produzidos pelos analistas profissionais para uma leitura fácil e a perfeita compreensão dos termos. Mais uma vez, todos os indicadores fundamentalistas estão disponíveis de forma gratuita em alguns sites, como exemplo, o www.fundamentus.com.br.

- **VPA** — é o resultado da divisão entre o patrimônio líquido (PL) pelo número total de ações emitidas. O PL corresponde à simples diferença entre os ativos (bens, direitos e disponibilidades financeiras) e as dívidas da empresa, sejam elas de curto ou longo prazo. Teoricamente, o VPA representa o valor que o acionista receberia por cada ação, em caso de liquidação da empresa. Já a relação **P/VPA** compara o preço (P) de mercado da ação com o VPA (P/B em inglês: **Price to Book**). Dessa forma, uma empresa com o preço de mercado abaixo do VPA estaria subavaliada; em contrapartida, um preço acima indicaria que a ação está cara. Simples? Nem tanto. O índice é mais utilizado apenas para determinar o valor de liquidação da empresa. Isoladamente, esse indicador tem pouco valor, pois, muitas vezes, empresas com graves problemas financeiros apresentam um valor de mercado muito inferior ao VPA. Já as empresas saudáveis e muito lucrativas têm um P/VPA alto, ou seja, é negociada com "ágio", criado pelo próprio mercado. Isso não é necessariamente ruim, pois, para empresas muito lucrativas, o índice tem pouco significado. Todos os participantes do mercado desejam uma boa empresa: lei da oferta e da procura. Esses dados somados aos outros que comentarei a seguir podem mostrar a verdadeira alma da empresa. Evite a compra de uma ação com P/VPA acima de 1,5, pois a margem de segurança é pequena; exceção feita às ações de empresas muito rentáveis, como comentaremos. Isso será avaliado por outros indicadores.

- **P/L** — é o indicador mais usado pelo mercado financeiro. É obtido pela simples divisão do preço da ação pelo lucro líquido anual por ação (o lucro líquido é obtido após a dedução de todas as despesas). É uma boa ferramenta para comparar ações. De uma maneira bem simplista, seria o tempo, em anos, no qual o investidor teria de volta o dinheiro investido, caso o lucro da empresa fosse constante no futuro. Problema: o indicador avalia os dados pregressos e faz uma previsão para o futuro da companhia. Frequentemente, não funciona. Inúmeras variáveis podem alterar o lucro futuro de uma empresa. Assim sendo, empresas com alto P/L apresentam uma boa perspectiva futura, baseada nos resultados passados, mas nenhuma garantia. No mercado nacional, empresas com grande potencial de crescimento apresentam um P/L, em geral, acima de 20. Por outro lado, empresas deficitárias podem apresentar uma relação baixa ou até mesmo negativa. Qual a relação ideal? Não existe um número mágico, mas guarde na mente estes valores: para empresas maduras, considere um valor ideal entre 5 e 15, já para as empresas de crescimento e muito rentáveis, podemos aceitar um P/L entre 20 e 30. Valores superiores indicam que a ação está muito cara; e lembre-se, um P/L muito baixo denuncia graves problemas financeiros na empresa. Fique atento! Em alguns relatórios, os analistas expressam o P/L da seguinte forma: a ação "Z" negocia a 10x (10 vezes) o lucro, isto é, um P/L de 10.

- **Enterprise Value (EV) ou Valor da Firma** — Esse indicador é baseado no valor de mercado da companhia acrescido da dívida líquida, ou seja, é o valor total da empresa para todos os financiadores, acionistas e detentores das dívidas da empresa. O valor de mercado (*market capitalization*) é a cotação da ação multiplicada pelo número de ações emitidas. Já a dívida líquida é a dívida total da empresa subtraída do caixa (disponibilidades financeiras). O valor da firma é utilizado para determinar o preço que um potencial comprador pagaria pela empresa, isto é, o adquirente compraria tanto a parte dos acionistas (ações), como as dívidas.

- **EBITDA** — A sigla em inglês significa **Earnings Before Interest, Tax, Depreciation and Amortization**, ou seja, são os lucros auferidos pela empresa antes do pagamento de juros, impostos, depreciação e amortização. Lembrando que as despesas contábeis de depreciação e amortização são pagas em momentos diferentes da contabilização e, por isso, são desconsideradas. O EBITDA é também chamado de geração de caixa operacional. Diferentemente do lucro líquido, que é o lucro final após a dedução de todas as despesas, o EBITDA é obtido pela simples subtração das despesas operacionais do lucro bruto. Portanto o pagamento de juros, impostos, depreciação e amortização não entra nos cálculos. O EBITDA pode ser considerado o fluxo de caixa que remunera os dois financiadores da empresa: acionistas e detentores das dívidas. Ele é usado para avaliar a saúde financeira da empresa. Muitas vezes esse indicador é usado para estimar o valor de uma empresa. Por exemplo, a empresa tem um valor estimado em 4 a 5x o EBITDA anual.

- **EV/EBITDA** — É uma forma muito eficiente de comparar os preços entre ações. Quanto mais baixo o indicador, mais barata a empresa está. Exemplo: uma empresa negocia o EBITDA a 12x, e outra, a 10x, ou seja, a segunda, por esse indicador, é mais atrativa, isto é, mais barata. Teoricamente, é um indicador semelhante ao P/L, e como tal não deve ser utilizado isoladamente.

- **ROIC e ROE** — ambos os indicadores mostram a relação entre o lucro da empresa e o capital investido. Eles medem a rentabilidade da empresa para os acionistas. No ROIC, a fórmula é um pouco mais complexa, pois entra nos cálculos o capital investido por terceiros — os detentores da dívida da empresa. Já no ROE, temos o lucro líquido anualizado dividido pelo patrimônio líquido. A correlação entre os dois indicadores é muito clara e estreita, pois ambos mostram em porcentagem, a capacidade da empresa em gerar lucros. A partir daqui, utilizaremos apenas o ROE, mas é bom frisar que, no dia a dia, em alguns casos, faz-se necessário avaliar os dois múltiplos para evitar distorções. Como já falamos, o lucro é um dos principais motivos que fazem o investidor comprar uma determinada ação. Empresas com alto retorno, acima de 30%, são negociadas com ágio, por motivos óbvios. O ROE mede a eficiência dos lucros para os acionistas da empresa. Um retorno entre 10 e 20% é considerado bom, principalmente se for constante ao longo dos anos. Para um retorno inferior a 10%, no Brasil, é melhor o investidor aplicar em renda fixa, pois o rendimento atual é maior, e o risco é bem menor. Empresas com ROE negativo são literalmente massacradas pelo mercado. Essa é a regra! Contudo... Boas empresas podem passar por momentos ruins, e, mesmo assim, serem boas opções de compra, particularmente quando pensamos num prazo mais longo.

- **Dívida Líquida (DL)/EBITDA** — é um indicador muito importante para analisar o endividamento de uma empresa. Lembre-se de que não queremos companhias endividadas. O numerador é a dívida total menos o caixa da empresa. Já o denominador é o EBITDA dos últimos 12 meses. Portanto quanto maior o indicador, maior é o endividamento da empresa. Um endividamento de até 2x é saudável. Acima de 3,5 a 4x é elevado. Existem outros aspectos a serem considerados, como o custo da dívida (taxa de juros), o prazo da mesma (as dívidas de curto prazo são mais relevantes; veja o próximo tópico) e o momento do mercado como um todo. Nas crises, esse aspecto é muito importante. As empresas endividadas sofrem drasticamente nesses períodos.

- **Índice de liquidez corrente (LC)** — ele indica a capacidade da empresa em honrar seus compromissos no curto prazo, passivos de menos de um ano, pois o índice é obtido pela divisão dos ativos de curto prazo pelos passivos (as dívidas), também de curto prazo. De uma maneira geral, o mercado considera ideal um índice maior que 2. Porém, normalmente, empresas que geram muito lucro e com alto potencial de crescimento podem ter um índice inferior a 2, sem maiores problemas, mas sempre maior que 1, pois, caso contrário, o risco de inadimplência é alto. Nem toda empresa se encaixa nessas exceções!

- **Margem de lucro** — não basta que a empresa fature muito, ela precisa gerar uma boa margem de lucro. Cada setor da economia tem seu próprio padrão de margem de lucro. Mas um fundamento deve ser comum a todos: as margens devem ser constantes e, de preferência, melhores e crescentes. Margens reduzidas ou gradativamente piores podem indicar uma má gestão e/ou a ineficiência do negócio. Fique de olho!

Mais três detalhes importantes na seleção de ativos: a **análise da estrutura do capital da empresa**, a **análise da capacidade de reinvestimento** e também a **análise comparativa entre os balanços patrimoniais trimestrais**. A estrutura de capital da empresa nada mais é que a relação entre o capital de terceiros, dívidas e empréstimos, e o capital próprio — capital investido pelos acionistas. Uma relação muito alta não é saudável em virtude do alto grau de alavancagem da empresa. A capacidade de reinvestimento de uma empresa é primordial. Nenhuma empresa manterá bons lucros e crescimento sustentável sem novos investimentos. O último aspecto a ser analisado é que queremos empresas com lucros crescentes no decorrer dos anos. Esse dado pode ser analisado através da comparação entre os balanços trimestrais. Almejamos dados melhores, sempre!

Agora, por último, mais dois múltiplos relevantes para quem almeja montar uma carteira de dividendos, o **Dividend Yield (DY)** e o **Payout**:

- **DY** — A relação entre os lucros anuais distribuídos aos acionistas e o preço de mercado da ação é um importante critério a ser considerado na hora de comprar um ativo, especialmente quando o investidor visa rendimentos frequentes no curto prazo, como numa carteira de dividendos. Essa distribuição dos lucros pode ser por meio de pagamento de dividendos ou de juros sobre o capital próprio (JCP), entre outros. O DY é expresso em % e, como já comentado, é anualizado. O cálculo é obtido dividindo-se o valor do dividendo pago por cada ação pelo preço de mercado da mesma. Assim, representa a porcentagem que receberemos em dividendos em relação ao preço da ação. Boas empresas pagadoras de dividendos apresentam um DY entre 10 e 20%: é o caso de algumas empresas do setor elétrico, mas o setor já foi melhor. Alguns analistas acreditam que o pagamento mínimo anual de dividendos deveria ser o equivalente a 6% da cotação da ação. Cabe a ressalva de que o dividendo depende do lucro recorrente da empresa. Assim, não há garantia alguma de que o dividendo pago hoje será o mesmo no futuro. O contrário também é verdadeiro: empresas em fase de desenvolvimento retêm boa parte dos dividendos para investimentos, para que no futuro possam pagar bons dividendos.

- **Payout** — Também expresso em % e anual. O cálculo é simples: dividendo pago por ação dividido pelo lucro por ação. Representa a porcentagem do lucro, que é revertida em proventos para os acionistas. Teoricamente, indica o grau de maturidade da empresa, pois empresas maduras costumam apresentar altas taxas de payout. Investidores tendem a pagar mais caro por empresas com alto payout. Empresas com alto payout podem representar um risco, pois a estratégia da empresa pode não se sustentar por muito tempo, uma vez que, sem reserva de recursos para novos investimentos, o crescimento da empresa pode ser prejudicado e, por conseguinte, comprometer a manutenção do pagamento dos dividendos atuais.

Um aspecto muito importante é que não adianta a empresa ter um bom DY e um alto payout se o preço de mercado da ação é decrescente, com queda no valor das ações. Desse modo, você ganha numa ponta e perde na outra. Usualmente, isso mostra que os lucros distribuídos atuais não são sustentáveis no longo prazo, por uma série de motivos intrínsecos à empresa. Então, o que queremos? Simples: empresas maduras e sustentáveis que mantenham seus valores de mercado e paguem dividendos constantes. Essa é a lógica de uma carteira de dividendos.

🡢 Por que o Preço da Ação de uma Determinada Empresa se Movimenta?

A resposta sobre o motivo da movimentação do preço de um ativo é relativamente simples. O desempenho atual e a perspectiva de crescimento da empresa são os principais aspectos julgados pelo mercado. Uma companhia com bons fundamentos é bem vista pelos investidores, e os preços acompanham sua boa avaliação, subindo. Assim, com os preços em alta, os especuladores (*traders*) também participam da "festa", valorizando ainda mais o ativo. O futuro da empresa também tem o mesmo poder sobre os preços. Boas perspectivas, preços em alta! Por outro lado, o inverso é totalmente verdadeiro, porém mais perverso, pois a velocidade de queda de um ativo é sempre muito mais acelerada que a de alta. Tenha sempre em mente essa importante regra imposta pelo mercado.

Devemos lembrar também que mesmo uma ação em tendência de alta sempre terá períodos de correção — retorno à média. Entretanto, esse recuo costuma ser de curta duração e é muito bom para a ação, pois renova seu poder de valorização. Aqui podemos ter boas oportunidades de compras, aumentando a posição acionária. Outro fato primordial: mesmo boas empresas são penalizadas nos momentos de crise. Essa é a regra. O pânico faz com que o mercado seja completamente errático. Nesse cenário, pensando no médio e longo prazo, usualmente temos grandes oportunidades no mercado financeiro: boas empresas com preços subvalorizados — verdadeiras pechinchas. Aproveite!

🡢 Estudo de Caso — Empresa de Mineração Vale S.A.

Para exemplificar a importância dos indicadores fundamentalistas, optei por descrever sobre o excelente desempenho das ações da Vale nos últimos anos, que acompanhei muito de perto. Por que escolhi esse ativo? A ação da mineradora brasileira custava menos de R$7 em janeiro de 2016 e, 28 meses depois, em maio de 2018, a ação estava cotada por volta de R$49 — uma alta de 600%!

Antes de prosseguir meus comentários, veja e compare na Figura 38 os principais indicadores da ação (VALE3), em janeiro 2016 e maio de 2018. Se necessário, releia o texto dos indicadores fundamentalistas.

Figura 38: Comparação de indicadores fundamentalistas da ação VALE3 nos anos de 2016 e 2018

VALE3	Preço	P/L	P/VPA	E V/EBIT	VPA	Margem	ROE	DL/EBIT
2016	R$6,73	-2,23	0,21	7,68	R$ 32,01	-19,60%	-9,40%	5,60
2018	R$49,24	17,52	1,75	8,09	R$ 28,10	13,60%	10,00%	1,28

**Indicadores Fundamentalistas = VALE3
Janeiro de 2016 e Maio de 2018**

Fonte: Elaborado pelo autor com dados do site www.fundamentus.com.br.

Após o boom das commodities na primeira década deste século, o minério de ferro, cotado na China, atingiu a máxima em 2011, superando mais de US$170 a tonelada. De 2012 a janeiro de 2016, o minério despencou no mercado internacional, atingindo uma cotação menor do que US$40. Veja a Figura 39 a seguir: as setas vermelhas mostram o topo da cotação, em 2011, e o fundo, em janeiro de 2016. Não custa lembrar que o principal negócio da Vale é a exportação do minério de ferro, especialmente para a China. Desse modo, a cotação do minério é fundamental para a saúde financeira da companhia.

Figura 39: Evolução da cotação do minério de ferro

Fonte: Adaptado pelo autor com dados do site (https://countryeconomy.com/raw-materials/iron-ore).

Nesse meio tempo, a empresa tentou expandir seus negócios em outras áreas, o que não trouxe os resultados esperados. A forte redução da receita e o aumento das despesas em projetos ruins levaram a empresa a um severo endividamento (DL/EBITDA acima de 5), além de trimestres seguidos de prejuízos. Moral da história: a forte redução nos lucros determinou a redução na distribuição dos dividendos. Daí o mercado não perdoou, e o preço da ação despencou.

Para piorar o cenário que já estava ruim, no final de 2015 ocorreu, em Minas Gerais, a tragédia da Mineradora Samarco (a Vale é uma das acionistas da empresa), gerando ainda mais incertezas sobre o futuro da companhia, o que acelerou a queda no preço das ações.

Perceba que, em janeiro de 2016, o P/L da empresa era negativo, o que em geral denuncia graves problemas de gestão e endividamento. Por outro lado, o P/VPA estava muito baixo (0,2), isto é, a companhia estava sendo negociada a 20% do valor patrimonial. Esse último aspecto, em conjunto com a importância de uma empresa do porte da Vale e do tipo de negócio da companhia (minério de ferro — perpetuidade do negócio), favorecia categoricamente a oportunidade de investir nas ações visando os prazos médio e longo: "boa empresa passando por um mau momento".

A seguir, comento em tópicos as principais razões que determinaram a alta de 600% da ação em pouco mais de dois anos:

1. O minério de ferro quase dobrou de valor nesse período — aumento de receita.
2. A empresa cortou despesas e fez alguns desinvestimentos — redução de custos e aumento de caixa.
3. No segundo semestre de 2016, entrou em funcionamento a nova área de extração de minério de ferro em Carajás no Pará (**Projeto S11D**). Lá, o minério tem maior qualidade (maior teor de ferro) e um menor custo de extração — melhora da margem de lucro.
4. Houve troca na gestão da empresa, que foi bem avaliada pelo mercado e que trouxe bons resultados.
5. A empresa migrou para o mais alto nível de governança corporativa da B3 — Novo Mercado — mitigando os antigos problemas societários da empresa e a ingerência do governo federal, além de beneficiar os direitos dos minoritários.
6. Aumento significativo do ROE e das margens.
7. Uma drástica redução do endividamento da empresa — atualmente, DL/EBITDA menor que 2. Veja na Figura 40 a correlação entre a dívida líquida e o EBITDA da empresa. Note que, em janeiro de 2016, acontece o pico da dívida e o fundo da receita.
8. E, por último, uma maior perspectiva real de distribuição de bons dividendos nos próximos anos.

Figura 40: Correlação entre a dívida líquida e o EBITDA da Vale

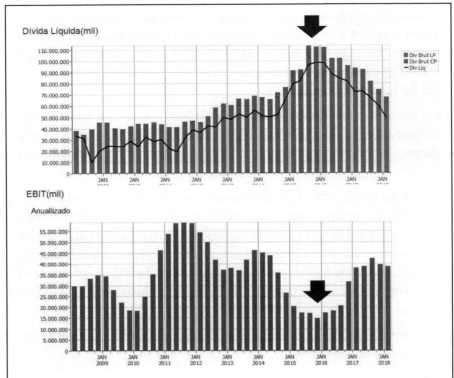

Fonte: Adaptado pelo autor com dados do site www.fundamentus.com.br.

Daí você poderia me questionar se as ações não estão caras. Reveja o P/L e o P/VPA. Eles ainda estão em bons níveis. O endividamento da empresa está controlado e o preço do minério de ferro não apresenta viés de queda. Posto isto, a perspectiva atual da empresa é muito boa, e o ativo deve continuar sua boa performance no médio prazo.

Neste breve exemplo, mostrei como uma empresa precisa ser avaliada num contexto geral, macroeconômico, e também através do estudo de questões internas. É óbvio que foi um exemplo singelo e outros fatores contribuíram para a melhora da empresa. A minha intenção era exemplificar de uma maneira objetiva como uma empresa deve ser avaliada pelo investidor. Certa vez, li num artigo mais ou menos o seguinte: compre ações de empresa que você entenda facilmente o negócio, que a empresa tenha um bom nome no mercado, que tenha um bom potencial de crescimento, que o negócio tenha perpetuidade e forte barreira de entrada no segmento de atuação (o que limita a entrada de concorrentes), e que respeite e remunere o acionista. Faça essa avaliação em todas as ações que você pretenda ter em carteira.

Mercado de Ações 115

FIQUE DE OLHO!

O recente desastre ambiental na cidade de Brumadinho em Minas Gerais, ocorrido em janeiro de 2019, manchou mais uma vez a imagem da Vale, tanto no Brasil como fora do país, e determinou uma queda expressiva das ações logo após o acidente. Infelizmente, a expertise da empresa na exploração do minério de ferro e as medidas preventivas executadas após o acidente na cidade de Mariana em 2015 não foram suficientes para evitar um novo desastre. Lamentavelmente o rompimento da barragem deixou sequelas marcantes em Brumadinho e sua população local, incluindo a morte de centenas de colaboradores da Vale e moradores locais. Uma tragédia humana sem precedentes. Sinceramente, espero que essa seja a última, e que a empresa concentre todas as forças disponíveis para a prevenção de novas catástrofes. E mais. A companhia e os responsáveis diretos precisam ser punidos de forma exemplar pelas autoridades competentes, além de promoverem uma justa indenização para todos os afetados. Por outro lado, as medidas tomadas pela empresa após o acidente, em especial a desativação de várias barragens de rejeitos tóxicos, semelhantes à de Brumadinho, farão com que a companhia amplie a responsabilidade social e ambiental, e mitigue drasticamente os riscos futuros. Desta forma, a meu ver, apesar das incertezas de curto prazo, mais uma vez, a desvalorização nas ações da Vale é uma oportunidade de compra para o longo prazo, pois os fundamentos da empresa continuam melhorando nos últimos anos e todos nós, sem exceção, necessitamos do produto explorado pela empresa (minério de ferro e seus derivados), hoje e sempre. Isso é inquestionável!

Sugestões para a Montagem de uma Boa Carteira de Ações

É preciso montar uma carteira de ações diversificada e com boas empresas. No longo prazo, os bons fundamentos das empresas são imunes às turbulências passageiras e ao humor do mercado, e o resultado final quase sempre é muito bom. Nunca aposte todas as suas fichas numa única empresa ou em poucas empresas, mesmo que te pareça uma grande oportunidade. Essa regra nunca pode ser violada. A diversificação na montagem de uma carteira de ações é fundamental para a proteção do seu patrimônio.

Muitos críticos dessa metodologia, incluindo o megainvestidor americano Warren Buffet, comentam que a diversificação de uma carteira de ações é o mecanismo que os "investidores sem conhecimento" utilizam para investir no mercado de ações. Segundo eles, se você conhece bem a empresa, uma maior diversificação seria desnecessária. Bastaria escolher a melhor ou as melhores empresas, e pronto. Aqui está o grande problema desse pensamento: devemos assumir que somos ignorantes e falhos em avaliar uma empresa, e que uma avaliação segura das empresas é uma tarefa muito complexa.

Dessa forma, afirmo categoricamente que é melhor assumir a nossa limitação como analista. Não julgue que você é muito melhor que os outros players do mercado.

Quando comecei a investir no mercado de ações, usei a tática de colocar poucas empresas na carteira. Todavia, nos últimos anos, mudei completamente de opinião e, atualmente, mantenho entre 20 e 30 ações no meu portfólio, e os resultados foram muito melhores. Procuro selecionar as melhores empresas de cada setor: uma a duas por setor da economia. Até pouco tempo atrás, eu achava que era uma diversificação muito exagerada, mas recentemente lendo o livro *Fora da Curva*, na parte da entrevista com o Luis Stuhlberger, do Fundo Verde, um dos gestores com melhores resultados no mercado brasileiro, ele cita mais ou menos o seguinte: "consta no regulamento do Fundo Verde que o mesmo tem que conter uma exposição média de 30% ao mercado acionário, local ou internacional, assim mantenho no portfólio entre 20 e 30 empresas". Se ele executa essa maior diversificação, porque nós, pequenos investidores, não devemos segui-lo? É óbvio que se o seu capital for reduzido, colocar esta ideia em prática será quase impossível. Assim, neste caso, é melhor selecionar o melhor ativo de cada setor.

A utilização da análise fundamentalista é imprescindível no intuito de selecionar os melhores ativos. No último capítulo, comentei sobre os principais indicadores fundamentalistas. Os bons profissionais do mercado financeiro — analistas profissionais, agentes autônomos e corretores — poderão lhe auxiliar nessa tarefa. Relatórios feitos por analistas independentes também são úteis, mas lembre-se, a decisão final sempre deverá ser sua. Selecione as melhores empresas de cada setor e seja um sócio de verdade. Entenda o negócio e participe do crescimento da empresa.

Dentro da carteira de ações, você deverá manter ativos sólidos e seguros, como as ações dos maiores bancos brasileiros: Itaú, Bradesco e Banco do Brasil. Não é coincidência que atualmente o setor financeiro represente mais de 30% da composição do IBOV. Faça o mesmo. O Banco Itaú (ITUB4) é o "queridinho" do mercado, e com mérito, haja vista que ele sempre é o "campeão" dos melhores resultados entre os bancos — mais de 20% de retorno sobre o capital investido (ROE). A nova gestão do Banco do Brasil (BBAS3), a partir de 2016, poderá elevar o banco a outro patamar, pois ele ainda está muito descontado em relação aos seus pares. Por outro lado, por ser uma empresa estatal, o risco político sempre estará presente. Gosto muito também das ações da B3 (B3SA3) e ainda vejo muito potencial dessa ação para o longo prazo, pois a bolsa brasileira é um verdadeiro monopólio, e a aquisição da CETIP em 2016 deverá ampliar ainda mais seus resultados nos próximos anos.

Você deverá escolher também empresas maduras e sedimentadas de outros setores do mercado. Vou citar três empresas que são líderes em seus ramos e que, quase sempre, mostram resultados impecáveis: a Ambev (ABEV3), do setor de consumo (bebidas), a Raia Drogasil (RADL3), do setor de consumo (medicamentos) e a Ultrapar (UGPA3), esta última, dona de algumas marcas importantes, com destaque para a rede de postos de gasolina Ipiranga. Não espere por grandes ralis de curto no preço dessas empresas, mas sim por aumento contínuo de preços.

Invista também em outros setores da economia: consumo interno e alimentos, papel e celulose, mineração e siderurgia, petróleo e outras fontes de energia, construção civil, educação, transportes e setor elétrico, dentre outros. Procure selecionar o melhor ativo de cada setor, ou os melhores, se seu capital permitir. Percebo que muitos pequenos investidores ficam exageradamente expostos às commodities, e por isso recomendo muita cautela. Mantenha esses ativos em carteira, porém não exagere na dose. Eles são cíclicos e dependem muito de fatores externos. Dessa forma, diversifique em minério de ferro (VALE3), petróleo (PETR4), papel e celulose (KLBN11) e siderurgia (GGBR4). E não se esqueça de colocar alguns ativos atrelados à moeda americana, como a Embraer (EMBR3) e a Suzano (SUZB3).

Os ativos do setor elétrico também são ótimas opções para investidores que buscam segurança e também o recebimento de dividendos generosos. Opte principalmente pelas transmissoras de energia que sejam menos susceptíveis aos fatores climáticos, às frequentes intervenções do governo federal e cuja receita seja quase sempre muito previsível. Gosto muito das ações da Taesa (TAEE11) e da Alupar (ALUP11).

Por último, deixe uma pequena parcela do seu capital, 5 a 10% do seu portfólio em ações, para investir em pequenas empresas (**Small Caps** e **Microcaps**) ou em companhias que passam por dificuldades momentâneas, mas que podem se recuperar no médio e longo prazo (empresas em **turnaround**). O risco do investimento pode ser recompensado com grandes valorizações no futuro. Uma sugestão: ao invés de escolher algumas empresas de pequeno porte, você pode investir numa ETF com esse propósito — **SMAL11**. Recomendo ainda que o investidor mantenha o ativo **BOVA11** em carteira, 10%. Ele é um fundo de índice que replica a variação do IBOV, que estudaremos em breve.

Posto isto, fica claro que você deve gastar a maior parte do seu tempo escolhendo as melhores ações. Não tenha pressa. Não compre uma ação sem saber o que a empresa faz. Entre no site da empresa, explore o negócio e confira os "números" da empresa. Utilize os indicadores fundamentalistas para comparar as ações do mesmo setor. Saia da sua zona de conforto e dedique-se a seu futuro. Não espere por dicas milagrosas!

Veja na Figura 41 uma sugestão de uma hipotética carteira de ações dividida por setores, isso para um montante mínimo de R$50 mil. O ideal é R$100 mil ou mais. Se você não tem essa disponibilidade, aplique o valor dedicado para o mercado de ações no ativo BOVA11. Ele fará a diversificação por você.

Figura 41: Diversificação para um montante mínimo de R$50 mil

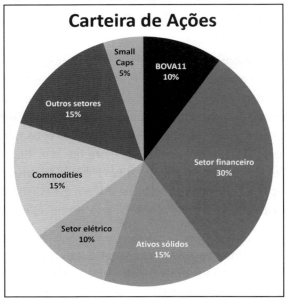

Fonte: Elaboração do autor.

A divisão anterior proposta por mim é apenas uma sugestão. O melhor é compor os setores de acordo com seu perfil de investidor, seus interesses e também com suas disponibilidades. Não pare por aqui: invista no seu futuro e aprimore sua capacidade de análise.

Por último, sempre é bom lembrar que o mercado de ações é muito dinâmico, e as dicas de hoje podem ser ruins no futuro e vice-versa. Portanto, as ações comentadas neste capítulo foram apenas exemplos, e não recomendações de compra em si. É preciso avaliar o cenário no momento da aquisição de ativos, obrigatoriamente.

Quem Pode lhe Auxiliar na Escolha das Ações?

Mesmo que tenha um bom conhecimento sobre os parâmetros fundamentalistas comentados nos últimos capítulos, você precisa saber que somente isso não será suficiente para você, sozinho, montar uma boa carteira de ações. É preciso aceitar que somos ineptos nessa missão. Mesmo eu, trabalhando no mercado financeiro há dez anos, frequentemente recorro à ajuda de terceiros para a montagem da minha carteira de longo prazo. E mais, os grandes gestores do mercado de ações possuem uma equipe de analistas invejáveis. Eles não trabalham de maneira isolada. Essa é a regra.

As indicações de bancos e corretoras devem ser vistas com muita cautela. Infelizmente, conflitos de interesse acontecem com muita frequência. As dicas de terceiros devem ser evitadas, a não ser que as recomendações sejam estudadas por você através dos principais indicadores fundamentalistas.

Então, a quem seguir? Atualmente existem excelentes casas independentes de análise. E posso garantir, em geral, os relatórios são muito bons. Cito aqui algumas empresas: a **Empiricus** (a pioneira nesse segmento), a **Inversa,** a **Suno Research** e a **Eleven**. Usualmente, essas casas oferecem vários tipos de relatórios e com diferentes perfis. Exemplos: ações para uma carteira de dividendos, ações que podem ter um excelente desempenho no longo prazo, **small caps** etc. Existem ainda relatórios **Premium** para os investidores mais avançados. Os preços dos relatórios são razoáveis, e você poderá pagar por mês ou anualmente. Recomendo que você faça a assinatura mensal para uma avaliação inicial.

Por último, preciso ser categórico: mesmo as ações recomendadas por bons analistas devem ser checadas pelo investidor utilizando a análise fundamentalista. Lembre-se de que você precisa participar efetivamente da montagem da sua carteira, pois o lucro ou prejuízo auferido nas transações é de responsabilidade exclusiva do investidor. Sempre. Não há outro caminho para o sucesso. A seguir, outras duas opções para investir no mercado de ações, de forma indireta.

Investir em Fundos de Ações ou Optar pela Compra Direta de Ações?

Acho que a compra direta de ações através do **Home Broker** é a melhor opção para o pequeno investidor, especialmente para aqueles que já têm algum conhecimento sobre o mercado. Não há taxa de administração, os valores de corretagem são baixos, existe um maior controle sobre os dividendos, e os valores negociados são instantaneamente conhecidos — preço de mercado. A desvantagem é que a compra direta de ações exige do investidor um conhecimento mais elaborado sobre o mercado, caso contrário, a chance de prejuízo é grande. Em contrapartida, para os pequenos investidores que não podem comprar lotes fechados de ações de uma determinada empresa, os fundos de ações são boas opções de investimentos. Se preferir, comece investindo pelos fundos de ações, depois migre aos poucos para a compra direta de ações. Evite investir grandes volumes financeiros antes de ter um bom conhecimento sobre o mercado de ações.

Fundos de Ações

São fundos de investimentos compostos basicamente por ações de uma ou mais companhias, buscando um rendimento similar à variação desses ativos. Por lei, os fundos de ações devem manter em carteira no mínimo 67% de ativos relacionados a ações. Esses fundos podem ser uma boa opção para investir no mercado de ações, particularmente para quem tem pouca experiência e, principalmente, escassez de tempo para dedicar-se ao mercado. Aqui, a administração do dinheiro aplicado fica a cargo de um gestor profissional, o que teoricamente é um bom negócio. Mas, cuidado: as altas taxas de administração cobradas pelos bancos e corretoras podem embolsar grande parte dos lucros, além de corroer o capital investido nos momentos de queda da bolsa. Outra taxa que pode ser cobrada é a **taxa de performance**. Quando o fundo atinge uma determinada meta preestabelecida em contrato, será cobrada uma taxa extra, de desempenho (performance), por exemplo, 10%, se o fundo obtiver lucros acima de 120% do CDI. Essa taxa incidirá apenas sobre o montante que ultrapassar o **benchmark** estabelecido.

Antes de ingressar no fundo de ações, compare o seu desempenho pregresso com o do IBOV. Fundos mais "agressivos" apresentam taxas maiores, porém com perspectiva de maiores retornos. Existem também os fundos menos voláteis que seguem os índices de referência, como o IBOV. Nesses, as taxas são mais camaradas. Há ainda os fundos que aplicam apenas em empresas selecionadas de segunda e terceira linha, sendo mais arriscados e, consequentemente, com perspectiva de retornos mais promissores.

Cito agora um exemplo de um fundo de ações que teve um desempenho excepcional nos últimos três anos: Fundo Alaska Black FIC Ações BDR Nível I, disponível na plataforma da XP Investimentos. No dia 10 de abril de 2018, o rendimento de 36 meses foi de 221,86%, contra 70,10% do IBOV e 40,49% do CDI. Veja na Figura 42 a comparação com o rendimento de outros fundos em março de 2018. Perceba a discrepância entre os rendimentos.

Figura 42: Comparação entre diferentes fundos de ações

Fundos de ações	Retorno no trimestre	Retorno nos últimos três anos
XP LONG BIASED 30 FIC MULTIMERCADO	16,03%	*
ALASKA BLACK FIC AÇÕES BDR NÍVEL I	15,18%	221,86%
IBIUNA EQUITIES FIC AÇÕES	13,93%	64,15%
MILES ACER LONG BIAS I FIC MULTIMERCADO	10,78%	*
VINCI GAS DIVIDENDOS FI AÇÕES	8,02%	50,07%
BRASIL CAPITAL 30 FIC AÇÕES	7,57%	87,34%
TRUXT I LONG BIAS FIC MULTIMERCADO	7,28%	*
BTG PACTUAL DIVIDENDOS FIC AÇÕES	6,52%	44,26%
PERFIN INSTITUCIONAL FIC AÇÕES	4,94%	74,19%
BOGARI VALUE FIC AÇÕES	4,81%	69,94%
OCEANA LONG BIASED FIC MULTIMERCADO	4,39%	81,04%
IP PARTICIPAÇÕES FIC AÇÕES BDR NÍVEL I	3,85%	49,93%
HIX CAPITAL INSTITUCIONAL FI AÇÕES	2,62%	*
HIX CAPITAL FIC AÇÕES	0,55%	79,69%
Ibovespa	11,73%	70,10%
CDI	1,59%	40,49%
S&P 500	-1,22%	32,95%

Fonte: Empiricus (www.empiricus.com.br).

Na Figura 43, veja os detalhes técnicos desse fundo: aplicação mínima, taxa de administração, **benchmark**, prazo de carência para resgate etc.

Figura 43: Características do Fundo Alaska Black FIC FIA — BDR Nível I

INFORMAÇÃO DETALHADA DO FUNDO	
Alaska Black FIC FIA - BDR Nível I	QUERO APLICAR AGORA

Aplicação Inicial Mínima	R$ 5.000,00
Movimentação Mínima	R$ 1.000,00
Saldo de Permanência no Fundo	R$ 5.000,00
Taxa de Administração	1,85%
Taxa de Performance	20,00%
Tributação	Incidirá no momento do resgate, à alíquota de 15% sobre o lucro obtido.
IOF	Não há.
Aplicação	D+1
Resgate - Cotização	D+30 (corridos)
Resgate - Liquidação Financeira	D+3 (úteis) após a data de cotização
Horário para Aplicação e Resgate	14:00
Divulgação de quota e PL	
Classificação Anbid	Ações - Ativo - Livre
Código Anbid	267163
Custódia	Banco BTG Pactual S.A.
Auditoria	Ernst & Young Terco Auditores Independentes S/S
Taxa Máxima de Administração	1.85% a.a.
Gestor	Alaska Investimentos
Administrador	BTG Pactual Serviços Financeiros S.A. DTVM

Fonte: XP Investimentos (www.xpi.com.br).

Posto isto, fica claro que é fundamental a escolha de um bom fundo de ações, isto é, que ele tenha um bom histórico de desempenho no longo prazo, já descontadas as taxas de administração. Lembre-se de que retorno passado não é garantia de retorno futuro. E mais. Os fundos de ações frequentemente apresentam retornos mensais negativos, porém o mais importante é o bom desempenho num horizonte mais longo. Veja na Figura 44:

Figura 44: Retornos mensais do fundo Alaska Black FIC FIA — BDR Nível I

INFORMAÇÃO DETALHADA DO FUNDO

Alaska Black FIC FIA - BDR Nível I

QUERO APLICAR AGORA

PERFORMANCE DO FUNDO | CARACTERÍSTICAS DO FUNDO | INFORMAÇÕES COMPLEMENTARES

RETORNO MENSAL DE 2018

	Janeiro	Fevereiro	Março	Abril	Maio	Junho	Julho	Agosto	Setembro	Outubro	Novembro	Dezembro
Fundo	6,33	3,47	4,69	-	-	-	-	-	-	-	-	-
IPCA + 6%	-	-	-	-	-	-	-	-	-	-	-	-
% sobre IPCA + 6%	-	-	-	-	-	-	-	-	-	-	-	-

RETORNO MENSAL DE 2017

	Janeiro	Fevereiro	Março	Abril	Maio	Junho	Julho	Agosto	Setembro	Outubro	Novembro	Dezembro
Fundo	16,28	18,45	-2,71	-3,89	-15,81	-1,18	24,19	17,60	4,58	-2,58	-2,65	12,52
IPCA + 6%	0,80	0,84	0,83	0,74	0,64	0,79	0,28	0,74	-	-	-	-
% sobre IPCA + 6%	2.035,00	2.196,43	-	-	-	-	8.639,29	2.378,38	-	-	-	-

RETORNO MENSAL DE 2016

	Janeiro	Fevereiro	Março	Abril	Maio	Junho	Julho	Agosto	Setembro	Outubro	Novembro	Dezembro
Fundo	-7,34	3,18	36,49	13,41	-4,19	10,02	15,00	7,42	8,44	11,32	-4,24	2,90
IPCA + 6%	1,47	1,75	1,41	0,92	1,12	1,27	0,85	1,03	0,93	0,58	0,75	0,68
% sobre IPCA + 6%	-	181,71	2.587,94	1.457,61	-	788,98	1.764,71	720,39	907,53	1.951,72	-	426,47

Fonte: XP Investimentos (www.xpi.com.br).

BOVA11 — Uma Maneira Simples de Investir no Mercado de Ações

Recentemente, um colega de trabalho me perguntou sobre como investir no ativo **BOVA 11**. Esse questionamento é muito comum e frequentemente várias pessoas me perguntam sobre o mesmo assunto: existe uma maneira simples de investir na bolsa? A minha resposta está na ponta da língua: "compre BOVA11". Ele não é uma ação, mas sim um Fundo de Índice (**ETF**)**,** negociado na B3 e que tem ótima liquidez diária, cujas cotas são negociadas num lote padrão de "10", ou seja, você pode comprar em múltiplos de 10 cotas, o que facilita a vida do pequeno investidor.

Esse fundo contém em sua carteira de ativos todas as ações que compõem o Índice Bovespa (IBOV), em torno de 58 ações, e na mesma proporção. O objetivo do fundo é replicar o desempenho do IBOV, que é o principal índice da bolsa brasileira. Desta forma, é muito simples operá-lo. E melhor, sem o risco de aplicar em uma única empresa. Não há risco de crédito. Outro fator positivo: a cada quatro meses, o próprio índice se encarrega de reduzir a participação das empresas de pior desempenho, pois o IBOV é rebalanceado quadrimestralmente.

Daniel Kahneman, Prêmio Nobel de Economia em 2002 e um dos expoentes internacionais em psicologia comportamental, afirma categoricamente que a maneira mais eficiente e sábia do investidor aplicar no mercado de ações é via **ETF**. Estima-se que a grande maioria dos fundos de ações perca do desempenho dos índices no longo prazo, isso mesmo, cerca de 80% dos fundos têm resultados inferiores aos ETFs mundo afora.

O processo de compra é igual ao de uma ação. Basta inserir o código **BOVA11** no **Home Broker** e comprar lotes múltiplos de 10. Não tente adivinhar "fundos" no intuito de comprar mais barato. Se essa tarefa é muito complicada para os profissionais, imagine para os amadores. Faça um preço médio. E nunca aplique tudo de uma vez. Para cada compra existirá uma taxa de corretagem, por isso, opte por compras periódicas, mensais ou trimestrais, reduzindo os custos das operações. E o mais importante: vise o longo prazo. Estou falando em aplicações para além de cinco anos. E o mais importante, aplique somente o dinheiro que tenha esse objetivo.

Após a alta de 100% de 2016 a 2018, o ativo não estaria caro? Decididamente, não é possível ter certeza sobre isso, mas acredito fortemente que estamos apenas no começo de um longo ciclo de alta para o IBOV e que uma alta ainda mais expressiva irá acontecer nos próximos anos. Posto isto, fica claro que aplicar no **BOVA11** é uma maneira simples, fácil e segura de aplicar seu dinheiro na bolsa de valores. Se você não tem tempo, paciência e não pretende se dedicar ao mercado de ações, essa é melhor maneira de garantir seu futuro. Basta abrir uma conta numa corretora e ter noções básicas de compra e venda de ativos, o que sempre é muito simples.

Não tenho dúvida, o investimento no ativo **BOVA11** é a maneira mais indicada para a grande maioria dos pequenos investidores. Um processo fácil, eficaz, com baixo risco de crédito e reduzido custo operacional. Existem ativos semelhantes e com a mesma finalidade, como o **PIBB11** e o **BOVV11** (este último ETF é negociado na B3 desde agosto de 2016 e tem uma taxa de administração um pouquinho menor do que a do BOVA11). Eu, particularmente, ainda prefiro o **BOVA11**, em virtude da maior liquidez e por estar mais acostumado a ele. Mas, sinceramente, você poderá optar por qualquer um deles. As taxas de administração são bem semelhantes e os resultados também.

7
Guia Rápido: Como Investir na Bolsa de Valores

◥ Abrindo a Conta na Corretora

Atualmente, abrir conta numa corretora é uma tarefa muito simples e rápida, podendo inclusive ser feita completamente pela internet. Serão necessários dados pessoais básicos, além de comprovante de endereço e assinatura de um contrato de prestação de serviços. Trabalho com três corretoras por uma questão de conveniência, porém, para a maioria dos investidores, uma corretora é suficiente. Entretanto, se você optar por fazer operações de longo e curto prazo, é melhor ter corretoras separadas. Procure uma corretora confiável, que ofereça boas ferramentas e, principalmente, taxas atraentes de corretagem. No site da Bovespa, http://www.b3.com.br (busque corretoras cadastradas), você encontrará todas as corretoras aptas e cadastradas — mais de 80.

Busque taxas de corretagem fixas por ordem executada. Evite a taxa padrão da Bovespa, que é baseada numa taxa fixa, e outra, em porcentagem. Nesse sistema, a corretagem sai muito cara. Quem opera no curto prazo precisa trabalhar com taxas de corretagem mais camaradas. Contudo, procure por uma corretora idônea no site da Bovespa. Evite contratempos. E não se esqueça de verificar a qualidade do HB.

Eu, particularmente, gosto muito de investir através da XP Investimentos. Veja os motivos:

1. É a maior corretora independente do Brasil. Atualmente, o Itaú tem 49% do capital social da empresa, o que garante maior segurança ao investidor.
2. A plataforma oferece inúmeras opções de investimentos: títulos públicos, títulos privados, fundos de investimentos, mercado de ações etc.
3. Não cobra taxa de administração para os títulos do TD.
4. Oferece também bons planos de PPC.
5. A taxa de corretagem no mercado de ações não é muito barata, mas os demais aspectos compensam esse detalhe. A corretora Clear do Grupo XP oferece taxas de corretagem mais camaradas.

De qualquer forma, essa é uma tarefa pessoal. Faça você mesmo uma análise criteriosa.

Transferindo o Dinheiro

Outra tarefa muito simples; pode ser feita através de DOC ou TED bancário comum, dependendo do montante a ser transferido. De uma maneira geral, as corretoras não ligadas a banco têm contas bancárias nos grandes bancos ou na própria BM&FBOVESPA. Para retirar o dinheiro da corretora, o procedimento também é simples. Comumente, algumas taxas podem ser cobradas nessas transferências.

Como Comprar ou Vender uma Ação

Cada corretora tem sua própria boleta de compra e venda de ações. Todas as que eu conheço são de fácil entendimento. De uma maneira geral devemos preencher os seguintes dados: se a ordem é de compra ou venda; o tipo de ordem (ver próximos tópicos); o código da ação; o número de ações; o tempo de validade da ordem; o valor por ação; e, por último, a sua senha. Depois, é só clicar em enviar. Veja na Figura 45 um exemplo da compra de 200 ações da Itaúsa (ITSA4):

Figura 45: Exemplo de boleta para compra de ações

Fonte: XP Investimentos (www.xpi.com.br).

Após alguns segundos, você receberá uma mensagem confirmando o envio da ordem. Depois, é só acompanhar o status da ordem: aguardando, confirmada, parcialmente executada etc.

Ordens de Compra

A ordem de compra pode ser **limitada**, ou seja, você estabelece o valor exato que quer pagar pela ação. Pode ser **a mercado**, em que o valor pago será o da melhor oferta de venda naquele momento. Por último, a ordem de compra pode ser feita através de um preço de *start*, em que você estabelece um valor que a ação precisa atingir para disparar sua compra. Esse modelo é muito usado quando queremos comprar um ativo, entretanto, apenas quando ele superar uma importante faixa de resistência.

Ordens de Venda

A ordem de venda também pode ser limitada e a mercado, semelhante às ordens de compra. O terceiro tipo é a ordem de *stop loss* (*stop* de perda ou *stop* de proteção). Seja por meio da análise técnica (perdas de fundos anteriores, suportes etc.) ou quando o limite máximo de perda permitido naquela operação é atingido (gerenciamento de risco), você estabelece o valor exato da ação (**preço de disparo**), que, quando atingido, o sistema emitirá automaticamente a ordem de venda. Nesse tipo de negociação, precisamos preencher também o **preço limite** de venda, ou seja, o valor mínimo que aceitamos receber, pois em alguns casos, especialmente nos *gaps* de abertura (intervalos de preços entre os pregões), o nosso *stop* poderá ser "pulado". Assim, para evitar esse imprevisto, coloque um valor bem inferior ao preço de disparo, pois automaticamente o sistema da bolsa fará a venda pela melhor oferta de compra. O quarto tipo de ordem é o *stop* **duplo**, sendo que neste devemos estabelecer tanto o *stop* de venda quanto o *stop* de lucro. Este último pode ser necessário quando almejamos um lucro predeterminado naquele ativo ou quando identificamos no gráfico que, se a ação atingir aquele valor, ela terá uma real chance de fazer uma correção. É uma tática muito interessante. Há ainda o *stop* **móvel**, em que você estipula uma margem (porcentagem) na qual se o ativo perder, você será estopado. No caso de alta do ativo, o *stop* também é móvel, assim, podemos proteger os lucros já conquistados. Para o pequeno investidor de longo prazo, basta saber fazer a ordem de venda simples, a mercado ou limitada, ambas muito fáceis de serem executadas.

Book de Ofertas

Corresponde a uma lista em tempo real das melhores ofertas de compra e venda de um determinado ativo, além de mostrar o número de ações e valor exato de cada ordem, bem como a origem da ordem (corretora). Numa análise do **book** de ofertas, podemos identificar a tendência momentânea do ativo e as zonas de resistências e suportes.

Dados em Tempo Real

Cotações em tempo real são fundamentais. Portanto, um bom computador e uma excelente conexão de internet são imprescindíveis. Não dá para economizar, principalmente se você pretende operar em prazos mais curtos. Investigue também a velocidade de transferência de dados da sua corretora, pois isso pode fazer a diferença.

Margem Operacional

É de praxe as corretoras oferecerem uma margem operacional maior que seu capital. Por exemplo, se você tem uma carteira de ações no valor de R$10 mil, a corretora pode oferecer um crédito a mais de compra (margem), frequentemente o valor de sua carteira, ficando suas ações como garantia. Assim, você poderá comprar mais ativos, dentro desse limite, e depositar o valor correspondente nos próximos dias, até o prazo de liquidação das ações, que é o terceiro dia útil após a compra (D+3).

A Cronologia da Compra de um Ativo

O dia da compra ou da venda de um ativo é denominado "D zero" (**D0**). O terceiro dia útil após a compra é o dia da liquidação financeira (**D+3**), ou seja, é o dia em que o dinheiro da operação será depositado na sua conta ou debitado. Após a compra de um ativo, ele passa imediatamente a fazer parte de sua carteira, e já pode inclusive ser vendido mesmo antes do período de liquidação financeira.

FIQUE DE OLHO!

A direção da B3 e os demais participantes do mercado decidiram que no dia 27 de maio de 2019, a data da liquidação dos ativos de renda variável seria antecipada para o segundo dia útil após a negociação (D+2), o que mitiga os riscos operacionais.

Taxas

Basicamente, existem três taxas numa operação de compra ou venda de uma ação. Primeiro, a taxa de corretagem cobrada pela corretora. Depois, temos duas taxas cobradas pela CBLC, que são as taxas de liquidação e de negociação (emolumentos). Para cada tipo de mercado — à vista, opções, futuro etc. — temos uma tabela específica. Há também diferenças entre pessoas físicas, fundos e clubes de investimentos. No mercado futuro existe uma quarta taxa: a taxa de manutenção de posição, que é cobrada mensalmente.

FIQUE DE OLHO!

Algumas corretoras repassam para o cliente o valor do ISS (Imposto Sobre Serviços), que é um imposto municipal pago sobre o valor da corretagem na operação (alíquota de 5.0% sobre o valor da corretagem). Teoricamente, esse valor deveria ser pago pela corretora, e não pelo cliente.

Notas de Corretagem

Todas as vezes que compramos ou vendemos um ativo, uma nota de corretagem é gerada. Nela, teremos o valor total da operação, o número de ações compradas ou vendidas, o valor exato pago por cada ação, além do débito das taxas. O arquivamento dessas notas é fundamental para o controle de nossas operações, incluindo o ajuste anual do imposto de renda, que veremos a seguir.

Imposto de Renda no Mercado de Ações

As regras do Imposto de Renda (IR) para o Mercado de Ações são relativamente simples. O princípio básico é separar as operações em duas: as operações de *Day Trade* (DT) e as demais negociações, estas últimas chamadas pela Receita Federal de "operações comuns". Entende-se por DT aquela operação de compra e venda de um determinado ativo, no mesmo pregão, na mesma quantidade do ativo, ou seja, compramos 200 ações da PETR4, e vendemos 200 ações da PETR4 no mesmo dia.

Nas operações de DT, o imposto de renda retido na fonte (IRRF) é de 1%, e a alíquota sobre os lucros é de 20%. Para as demais operações, incluindo o mercado de opções e futuro, o IRRF é de apenas 0,005%, e a alíquota sobre os lucros é menor, 15%. Entretanto, existe um ótimo benefício fiscal nas operações comuns para os investidores pessoas físicas: se a soma total das vendas num único mês for inferior ou igual a R$20 mil, o lucro será isento de IR. Assim, se você vender ações num determinado mês e o total das vendas for igual ou inferior a R$20 mil, independentemente do volume do lucro obtido, você não precisará pagar o imposto, nem mesmo o retido na fonte. De uma maneira geral, as corretoras cobram o IRRF somente quando o limite de vendas é "estourado".

Uma confusão frequente dos iniciantes é sobre o valor da isenção, pois o limite não é sobre o lucro obtido inferior ou igual a R$20 mil, e sim sobre o total das vendas. Não confunda! Se você extrapolar o limite de isenção e obtiver lucros, o pagamento do imposto de renda será obrigatório. Repetindo, a alíquota é de 15% sobre os lucros para operações comuns. O pagamento deve ser feito no mês seguinte, até o último dia útil, através de DARF, sendo que o próprio investidor fica encarregado do pagamento. No DARF, preenchemos o nome do contribuinte, o CPF, o período referente (colocar o último dia do mês de referência), o **código 6015** e o valor do imposto.

Os lucros auferidos na faixa de isenção (venda igual ou inferior a R$20 mil) deverão ser anotados, mês a mês, e declarados no formulário de declaração de ajuste anual do Imposto de Renda como rendimentos isentos e não tributáveis — linha 20.

Outra característica peculiar desse mercado é a possibilidade de compensação das perdas. Assim, prejuízos podem ser compensados em operações futuras, portanto, devemos ter total controle sobre nossas operações. Da mesma forma, nas compensações devemos separar as negociações de DT das operações comuns.

Todas as despesas inerentes ao processo de compra e venda de ativos (corretagem, emolumentos, taxa de liquidação etc.), podem e devem ser descontadas do lucro auferido em cada operação (compra e venda). Há vários programas oferecidos pelas corretoras, entretanto, sempre optei por fazer por conta própria. No começo é mais difícil, pois devemos montar algumas tabelas, mas depois, com as planilhas prontas, o preenchimento é muito simples, porém deve ser rigoroso e sistemático.

Na declaração de ajuste anual do IR existe um formulário próprio, no qual devemos colocar todos os nossos ganhos (vendas acima do limite mensal de R$20 mil) e todas as perdas, mês a mês. Devemos separar também as operações do Mercado de Ações à vista, do Mercado de Opções, do Mercado Futuro etc. É preciso também colocar a nossa posição acionária no último dia do ano, ou seja, devemos colocar todas as ações que estavam na nossa carteira no último dia útil do ano e o valor médio pago por cada ação. Os dividendos e demais proventos também deverão ser colocados na declaração de ajuste anual de IR, porém, na seção de rendimentos isentos e não tributáveis (dividendos) ou na seção de rendimentos com tributação específica/definitiva (juros sobre capital próprio).

Mais detalhes sobre o assunto fogem do objetivo deste livro. Se você tiver interesse, indico meu livro *Imposto de Renda sobre as Aplicações Financeiras*, disponível em formato digital na Amazon. Nele você terá todas as informações necessárias para entender o sistema tributário do Mercado de Ações e o passo a passo para preencher a declaração de ajuste anual.

Antes de passar para o capítulo de alocação de recursos, preciso comentar uma classe de ativos que não fará você ganhar dinheiro no longo prazo. A ideia é fazer uma pequena proteção para o seu portfólio. Por isso, eles não fazem parte dos "cinco investimentos" que garantirão seu futuro.

8
Ativos de Proteção de Carteira: Ouro e Dólar

Além dos investimentos já comentados, de curto, médio e longo prazo, em renda fixa e variável, sugiro que uma pequena parte dos seus investimentos seja aplicada em ativos "seguros", como o Dólar americano e o Ouro, especialmente para as carteiras mais robustas — acima de R$200 mil. Usualmente, esses ativos são imunes às crises mundiais e, por conseguinte, protegerão parcialmente sua carteira nos momentos de turbulência.

Eles têm uma correlação inversa aos outros ativos em carteira, particularmente em relação ao mercado acionário. Desta forma, o Dólar americano e o Ouro são considerados pelos agentes do mercado financeiro os ativos mais seguros nas crises econômicas. Na época da bonança, eles são esquecidos e se desvalorizam lentamente, por outro lado, nos momentos de incerteza e nos eventos imprevistos, eles explodem para cima. A moeda americana é um porto seguro contra as mais diversas crises. Durante os momentos difíceis da economia global e do aumento da aversão a riscos, os investidores literalmente "correm" para o Dólar, ou seja, investem na economia americana em detrimento dos mercados emergentes. Essa é a lógica.

Em contrapartida, segundo Mark Spitznagel, num estudo publicado em 2016, o Ouro é o ativo que tem a melhor correlação inversa com os índices acionários mundo afora — no estudo em questão, foi utilizado o índice americano **S&P500**. Assim, seguindo essa premissa, todo portfólio deveria conter uma fatia desse ativo de segurança. Segundo o autor, para uma proteção "perfeita", a proporção de ouro na carteira deveria ser muita alta, o que prejudicaria seu desempenho no longo prazo, haja vista que os períodos de euforia são mais longos do que os de depressão. Posto isto, com o objetivo de proteger estruturalmente a sua carteira, você deveria manter de 2 a 5% do seu portfólio aplicado em Ouro.

Sugiro que você faça um "mix" dos dois ativos, Ouro e Dólar, e que a soma de ambos corresponda a 10% do seu portfólio. Se o seu capital for pequeno, menos de R$200 mil, você poderá abrir mão dessa proteção, pois o custo de transação supera a lógica do investimento. O valor de R$200 mil usado por mim é totalmente empírico — não há um "ponto de corte" bem estabelecido. Exemplo: algumas pessoas com carteiras de valores inferiores se sentirão mais seguras colocando esses ativos no portfólio. É uma questão pessoal. Entretanto, não há dúvida quando falamos de portfólios maiores, pois, nesses casos, quanto maior for o patrimônio, maior será a necessidade de protegê-lo.

Ouro

Esse metal precioso é considerado pelos investidores uma espécie de porto seguro nos momentos de crise. Um dos motivos é que a oferta de Ouro é relativamente pequena, pois a produção e as reservas são limitadas, aspecto que difere de algumas moedas estrangeiras (por exemplo, o Dólar americano). Teoricamente, o Dólar pode ser impresso pelos Estados Unidos da América a qualquer momento, aumentando a oferta da moeda no mercado internacional e, consequentemente, depreciando seu valor.

Outro motivo que demonstra a solidez do Ouro é que os principais países em desenvolvimento têm aumentado suas reservas financeiras, especialmente a Rússia e a China, antes apenas aplicadas em Dólar e Títulos Públicos do governo americano. Desde então, uma parcela significativa está diretamente aplicada em Ouro. Assim, muitos economistas acreditam que não há sinais de reversão desse cenário.

No Brasil, como pessoa física, basicamente temos as seguintes opções para investir em Ouro:

1. **Barras de ouro (teor de pureza de 99,99%).** Há algumas empresas oficiais no Brasil que estão autorizadas pelo Banco Central do Brasil e pela Comissão de Valores Mobiliários a comercializar barras de ouro, como os grupos Marsam e Ouro Minas. Podem ser adquiridas diretamente na loja ou através da internet; neste último caso, o cliente paga o frete e um seguro: 1% do valor. Há um ágio — cerca de 5% — em relação ao preço cotado na BM&FBOVESPA. A guarda do metal é de responsabilidade exclusiva do cliente. Caso haja a necessidade de venda, as próprias empresas recompram, porém, com deságio. Entretanto, deve-se guardar a nota fiscal de compra, e a embalagem da barra não pode ser violada. Este último aspecto é primordial. O Banco do Brasil também oferece a seus clientes a venda e a guarda de barras de ouro, em múltiplos de 25 gramas, sendo uma opção interessante e segura para os clientes do banco. O mercado informal teoricamente tem o mesmo propósito, no entanto, a aquisição do ouro é feita no "mercado negro". É comum nos centros das grandes cidades a oferta deste produto. Os preços são mais camaradas, mas não há garantia por parte dos

Ativos de Proteção de Carteira: Ouro e Dólar 135

órgãos oficiais, nem garantia da pureza do metal. Por último, gostaria de citar que, decididamente, o investimento em joias não é uma boa opção para investir em ouro. Primeiro, porque no preço das joias está embutido o valor do trabalho do joalheiro — ou designer. Segundo, porque é muito comum a mistura com outros metais, o que desvaloriza o ouro.

2. **Fundos de investimentos.** Existem fundos de investimentos que seguem a variação do ouro. Eles comumente estão atrelados à moeda americana, e usualmente o resgate não é imediato, o que limita a liquidez. É a melhor opção para os investidores com uma carteira menos robusta. Veja na Figura 46 as características do Fundo Multimercado de Ouro da XP Investimentos. Esse fundo investe em ativos que buscam replicar a cotação do ouro.

Figura 46: Características do Fundo Multimercado XP GOLD

Fonte: XP Investimentos (www.xpi.com.br).

3. **Ouro físico BM&FBOVESPA.** Existem contratos físicos negociados na bolsa, como qualquer outro ativo. O contrato com maior liquidez é o de 250 gramas. A cotação no Brasil é feita por unidade (um grama) sob o código **OZ1D**. Esse contrato não tem prazo de validade, pois é físico. Como todo ativo negociado em bolsa, temos as taxas de negociação, custódia etc. É a forma que uso para proteger minha carteira de investimento, pois o investimento é direto em Ouro. Contudo, o valor alto do contrato pode limitar seu uso por parte dos pequenos investidores.

4. **Contratos futuros da BM&FBOVESPA.** São derivativos baseados na cotação do ouro. Funcionam como qualquer outro derivativo no mercado futuro. Têm prazo de vencimento, possibilidade de alavancar seu capital etc. Não recomendo essa forma para os pequenos investidores.

Dólar

A taxa de câmbio é a relação de valor entre a moeda local e uma moeda internacional. O Dólar americano é a principal moeda de referência no mundo. No Brasil, a Taxa PTAX pode ser considerada como a cotação oficial do Dólar americano em relação ao real, sendo definida como a taxa média de todos os negócios com dólares praticados no mercado interbancário ao longo do dia. A PTAX é divulgada pelo BACEN e serve como base para correção de contratos vinculados à moeda americana.

O dólar comercial à vista é a cotação mais difundida da moeda norte-americana. Em contrapartida, o dólar futuro é um consenso de mercado sobre a cotação do dólar numa data futura. O dólar futuro é baseado na cotação atual do dólar acrescido de juros — de maneira semelhante ao IBOV futuro.

O regime oficial de controle da taxa de câmbio no Brasil é o de **livre flutuação cambial**, ou seja, não deveria existir controle direto por parte do governo federal — Banco Central. Porém, na verdade, poderíamos melhor classificá-lo como "regime de flutuação suja", pois o governo atua de forma indireta, vendendo e comprando dólares, com o intuito de manter o dólar americano flutuando dentro de uma faixa desejável. Do Plano Real até o ano de 1999, a taxa de câmbio no Brasil era fixa e imposta pelo governo federal, o que muitas vezes não refletia o valor real da moeda.

A taxa de câmbio tem grande impacto na balança comercial de um país. Uma moeda nacional sobrevalorizada prejudica a exportação e, consequentemente, a balança comercial, favorecendo o deficit. Por outro lado, o câmbio desvalorizado facilita a exportação e o superavit na balança comercial. Desta forma, num mundo com mais de uma centena de países, o somatório dos superavits comerciais dos países sempre deverá ser igual ao somatório dos deficits comerciais nos países restantes. De uma maneira geral, os países que apresentam superavit comercial tendem a emprestar dinheiro para os deficitários. Portanto, a taxa de câmbio é um aspecto vital para a economia de qualquer país.

Já nós, pequenos investidores, podemos ser diretamente afetados pela cotação do dólar americano de várias formas, seja no aumento da inflação, seja no aumento do custo de uma viagem internacional, seja na aquisição de bens de consumo importados. Assim, não podemos ficar alheios à cotação da moeda americana.

Basicamente existem três maneiras possíveis de investir no dólar americano: aplicando em fundos cambiais, disponíveis em qualquer banco comercial, comprando diretamente a moeda estrangeira ou investindo no mercado futuro. Sem dúvida, o mais simples e mais recomendado para o pequeno investidor é o fundo cambial. Todavia, para os investidores que têm um maior conhecimento sobre o mercado financeiro, a aplicação em derivativos é uma ferramenta valiosa — dólar futuro.

Uma quarta forma de ficar exposto ao dólar americano é comprando ações de empresas brasileiras voltadas à exportação. Dessa forma, como a receita dessas empresas é extremamente atrelada à variação da moeda americana, uma alta da moeda refletirá nos lucros das empresas e, por conseguinte, no seu valor de mercado. Cito duas empresas que preenchem esse critério: A Suzano (SUZB3), do setor de papel e celulose, e a Embraer (EMBR3), que produz aeronaves de médio porte visando principalmente o mercado externo. Existem outras empresas com o mesmo perfil e que também estão listadas na bolsa brasileira.

A compra direta da moeda estrangeira com o intuito exclusivo de investimento, tanto nas lojas oficiais (casas de câmbio) como no mercado paralelo, quase sempre é desvantajosa para o cliente, pois o ágio para a compra é alto, e o deságio para a venda também, ou seja, você perderá na entrada e na saída. Evite essa opção.

Não recomendo o uso da moeda comum da zona do euro com a proposta de hedge de carteira, em virtude da menor influência global dessa moeda em relação ao Dólar americano. Todavia, para aqueles que costumam viajar com frequência para a Europa, a aquisição do euro é muito interessante para minimizar os efeitos da volatilidade do câmbio.

9
Alocação de Recursos Financeiros

Até aqui, comentei sobre os princípios básicos de investimento, sobre os cinco grandes grupos de modalidades de investimentos propostas no título deste livro e, por último, sobre os "ativos de segurança". Passemos agora a discutir a montagem de um portfólio, isto é, como alocar os ativos numa carteira de investimentos.

Seguindo a Teoria do Portfólio, disseminada por Harry Markowitz em artigo publicado em 1952, **"Portfolio Selection"**, muito resumidamente, ao montarmos uma carteira de investimentos, devemos nos preocupar com dois fatores básicos: o risco e o retorno esperado de cada ativo. Numa carteira "ideal e equilibrada", os ativos precisam se contrabalancear avaliando a correlação entre eles. Devemos ter ativos de alto e baixo risco, ativos de correlação inversa e também ativos com retornos diferenciados. Teoricamente, essa composição traria uma enorme vantagem sobre uma carteira não diversificada.

Nem todos concordam plenamente com essa teoria. Destaco, de maneira fugaz, a **Teoria do Barbell** proposta por Nassim Taleb. Nesse modelo, de forma bem simplista, devemos ter em nosso portfólio a maior parte aplicada em ativos de baixo risco. Em contrapartida, uma pequena parte deve estar alocada em ativos de altíssimo risco, porém com um retorno potencialmente explosivo, por exemplo, mercado de opções (derivativos). Nesse modelo, a grande parte do capital estará posicionada em títulos públicos (90%) e uma pequena parte no mercado de ações, via derivativo. Isso pode ser replicado também para uma carteira de ações: a maior parte deve estar alocada em ações seguras, e uma pequena parte em Small Caps.

Deixemos as teorias de lado e passemos para a parte prática na montagem de uma carteira de investimentos, mesclando as duas teorias e outros conceitos já comentados. Seguirei a indicação das cinco modalidades de investimentos propostas neste livro.

Como Montar uma Carteira de Investimentos

Como já vimos, a intenção de montar uma carteira de investimentos é reduzir o risco inerente a cada segmento. Assim, independentemente do perfil do investidor, acredito que uma carteira precisa ser diversificada. Na medida do possível, devemos ter aplicações em ativos de renda fixa e variável. As razões são simples e já comentadas. Parte do nosso capital deve ser aplicada em renda fixa por dois motivos básicos: segurança e liquidez imediata. Não podemos ficar totalmente expostos às oscilações inerentes ao mercado de renda variável, e nossas aplicações devem estar disponíveis para a conversão em moeda corrente a qualquer momento. Imprevistos acontecem, e parte dos nossos investimentos poderá ser resgatada para suprir algumas necessidades esporádicas, como uma doença na família, a perda do emprego etc. Entretanto, aplicações exclusivas em renda fixa são menos rentáveis e, no longo prazo, os rendimentos são corroídos pela inflação. Desta forma, toda carteira de investimentos deverá conter ativos de renda variável, especialmente ações, visando os objetivos de longo prazo. Em minha opinião, isso é inquestionável, mas sempre respeitando os limites de cada um, o perfil do investidor.

Daí surge uma pergunta importante: qual a porcentagem de divisão entre cada ativo? Nunca é uma resposta fácil, mas devemos ficar atentos a três fatores básicos: o perfil do investidor, a faixa etária e o montante de recursos a ser aplicado. Pessoas pouco afeitas a risco devem evitar grandes exposições à renda variável. Indivíduos na faixa etária acima dos 65 anos também. A explicação em relação aos mais idosos é simples: uma crise sistêmica pode perdurar por muito tempo e, desta forma, limitará a chance de reversão de eventuais prejuízos no curto e médio prazo. Quando somos jovens podemos e devemos arriscar mais. Outro fator é o montante do patrimônio já acumulado. Quanto maior for o seu patrimônio, menor será a necessidade de arriscar. Nesta última situação, o mais relevante é a preservação do capital, isto é, que o retorno financeiro da carteira supere a inflação, e o portfólio esteja protegido das crises econômicas. A seguir, na Figura 47, as variáveis mais importantes na montagem de uma carteira:

Figura 47: Variáveis mais importantes na montagem de uma carteira de investimentos

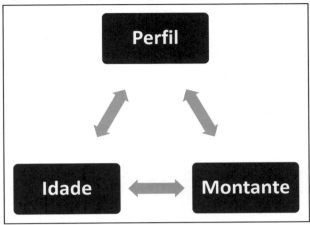

Fonte: Elaboração do autor.

A maioria dos especialistas em finanças pessoais sugere que uma carteira de investimentos deva apresentar uma base ampla em ativos de renda fixa, e que a ponta contenha ativos de renda variável: uma verdadeira pirâmide, com o que eu concordo plenamente. Veja na Figura 48:

Figura 48: Pirâmide sugerida por especialistas em finanças pessoais

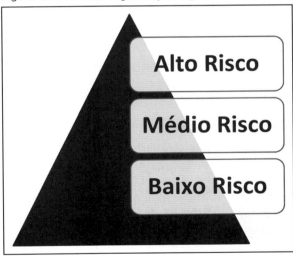

Fonte: Elaboração do autor.

Outro ponto importante, não crie raízes nos seus investimentos: manter a mobilidade dos ativos financeiros em carteira é uma grande virtude. Pense nisso.

A seguir, veja nas Figuras 49, 50, 51 e 52 as minhas sugestões de portfólios para os diferentes perfis de investidores:

Figura 49: Portfólios para diferentes perfis de investidores

Modalidades	Perfil Conservador	Perfil Moderado	Perfil Arrojado
Caixa	50%	30%	20%
Tesouro Direto	25%	35%	20%
Fundos Imobiliários	10%	15%	15%
Previdência Privada	10%	10%	10%
Mercado de Ações	5%	10%	35%

Caixa = aplicação em renda fixa com liquidez imediata

Fonte: Elaboração do autor.

Figura 50: Gráfico de pizza para portfólio de investidor com perfil conservador

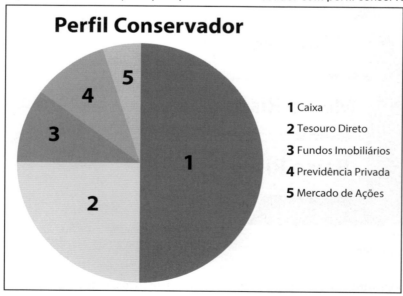

Fonte: Elaboração do autor.

Figura 51: Gráfico de pizza para portfólio de investidor com perfil moderado

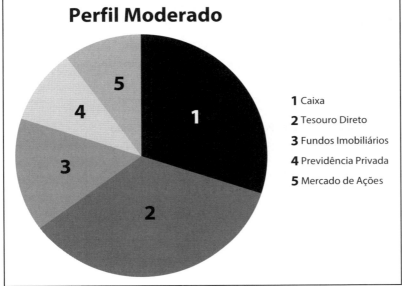

Fonte: Elaboração do autor.

Figura 52: Gráfico de pizza para portfólio de investidor com perfil arrojado

Fonte: Elaboração do autor.

As porcentagens mostradas são apenas uma referência. O ideal é adequá-las ao seu perfil, à sua idade e ao montante do seu capital. Outro ponto: se você optar por comprar "ativos seguros" para proteger sua carteira, reduza um pouco de outras classes de ativos e aplique em Dólar e Ouro — entre 5% e 10% da carteira. Veja um exemplo na Figura 53. Como já dito, isso é válido especialmente para portfólios mais robustos. Se o seu capital for pequeno, e você for muito jovem (menos de 40 anos), a compra de seguros pode ser dispensável. Mais uma vez, é uma decisão pessoal.

Figura 53: Exemplo de portfólios contendo aplicações em Ouro e Dólar

Modalidades	Perfil Conservador	Perfil Moderado	Perfil Arrojado
Caixa	45%	30%	20%
Tesouro Direto	25%	30%	15%
Fundos Imobiliários	10%	15%	10%
Previdência Privada	10%	10%	10%
Mercado de ações	5%	10%	35%
Ouro e Dólar	5%	5%	10%

Acrescentando ativos de segurança

Fonte: Elaboração do autor.

Figura 54: Gráfico de pizza de carteira de investimentos de investidor com perfil arrojado e contendo ativos de proteção (Ouro e Dólar)

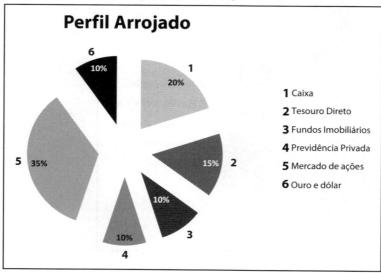

Fonte: Elaboração do autor.

Rebalanceamento de Carteira

Uma vez determinada qual a porcentagem de cada ativo em sua carteira, ela deve ser mantida em médio e longo prazos, seguindo os objetivos originais. Como os ativos terão rendimentos distintos, com o tempo a carteira perderá as porcentagens originais da distribuição predeterminada. Desta forma, um rebalanceamento frequente se faz necessário. Não há uma regra clara, mas um rebalanceamento anual tem bons resultados.

Com fazer? Transfira os recursos de um investimento para outro com o intuito de restabelecer a carteira original. Assim, os ativos que tiveram melhor desempenho recente cederão recursos para os menos rentáveis. Como a maioria dos ativos tem seus próprios ciclos, sabe-se que essa estratégia é a que tem melhor resultado no longo prazo. O que foi bom este ano pode não ser no ano que vem e vice-versa. A própria diversificação e a realocação de recursos encarregam-se de corrigir essas distorções. O mais importante é o resultado no longo prazo, e vários estudos comprovam que essa é a melhor tática.

Se você tiver uma carteira de ações, o ideal é que faça o mesmo. Venda parte das ações que mais subiram e aumente a posição naquelas de pior desempenho. Faça isso a cada 12 meses. Evite a realocação em períodos inferiores. Outro ponto muito importante: estude com bastante cautela o motivo da queda das ações perdedoras e reavalie a "tese" do investimento naquelas ações. Por vezes, o melhor é desfazer das ações.

Terminamos aqui a parte dos fundamentos das modalidades de investimentos e a alocação de recursos. Se você ainda tem dúvida, o ideal é reler o texto ou buscar novas fontes de conhecimento. Para finalizar o livro, abordarei um assunto muito relevante: as emoções.

10
As emoções e o Investidor

Além da complexidade do mercado financeiro, temos as emoções inerentes ao ser humano como um grande obstáculo. Precisamos controlá-las. Façamos comentários sobre os principais riscos e armadilhas do mercado financeiro. Eles foram muito bem descritos por Max Gunther em seu livro, *Axiomas de Zurique*, no qual o autor descreve com bastante clareza a receita do sucesso dos grandes banqueiros suíços. Nos próximos tópicos, descrevo e faço breves comentários sobre o livro de Gunther, mas, de qualquer forma, não deixe de ler o livro original. Optei por descrever em tópicos curtos para melhor entendimento, sem maiores divagações sobre o assunto.

- **Risco**
  - Qualquer investimento apresenta riscos, todos, sem exceção.
  - Para aumentar o rendimento da carteira, é preciso arriscar um pouco mais. Lembre-se da famosa frase do mercado: "Não existe almoço grátis".
  - É preciso controlar o medo de perder dinheiro. Em renda variável, especialmente, a possibilidade de retornos negativos momentâneos acontece com muita frequência. Mantenha-se firme no seu propósito.

- **Ganância**
  - Nenhuma alta é para sempre.
  - Entre no negócio sabendo quanto você quer ganhar.
  - Aprender a realizar lucros na hora certa é uma tarefa árdua. A tendência do investidor iniciante é realizar lucros precocemente e aceitar grandes prejuízos. Fuja dessa regra.

- **Esperança**
  - Admita seus erros o quanto antes.
  - Ao detectar problemas, saia do investimento.
  - Quando o barco começar a afundar, não reze. Abandone-o!
  - Para ganhar dinheiro é preciso saber perder. Errar é humano. Qualquer investidor comete erros. Aprenda com eles.
  - Persistir no erro é sinal de pouca inteligência.

- **Previsões**
  - O mundo financeiro é baseado no comportamento humano, que quase sempre é imprevisível.
  - Não confie nas previsões dos gurus da internet. Ninguém tem a mais remota certeza do que acontecerá no futuro.
  - Esqueça os prognósticos. Faça você mesmo uma análise do momento.
  - Estude todos os caminhos possíveis. Espere o melhor, prepare-se para o pior.

- **Padrões**
  - Não existem padrões confiáveis no mercado. Não é porque aconteceu no passado que vai acontecer no futuro.
  - Cuidado com as armadilhas do historiador e dos analistas técnicos.
  - Investigue e faça a análise de todas as variáveis!

- **Mobilidade**
  - Evite lançar raízes em seus investimentos. O que é bom hoje pode ser péssimo amanhã.
  - Preserve a capacidade de mobilidade dos seus investimentos.
  - Muitas vezes, mudar de estratégias é necessário.
  - Operações que não deram certo devem ser esquecidas. Nunca as repita.
  - Jamais hesite em sair de um negócio se algo mais atraente aparecer: no mercado de ações, essa questão é ainda mais importante. Bons e maus negócios surgem a todo instante.
  - Por outro lado, evite operações em excesso.

- **Intuição**
  - Só podemos confiar em palpites que possam ser explicados.
  - Não confunda palpite com esperança.
  - Não podemos desprezar nossos palpites, porém devemos avaliá-los com prudência. Portanto, avalie o palpite, mas só siga o ponderável.

- **Religião**
  - É improvável que dentre os desígnios de Deus para o Universo esteja incluído o de fazer você rico.
  - Dinheiro e o sobrenatural são uma mistura perigosa.
  - Se astrologia funcionasse, todos os astrólogos seriam ricos.

- **Otimismo e pessimismo**
  - Otimismo significa esperar o melhor.
  - Otimismo em excesso é muito perigoso no mercado financeiro.
  - Confiança, sim, é primordial.
  - Antes de pôr o dinheiro num negócio, avalie como se safará se ele não der certo. No mercado de capitais, essa premissa é fundamental para a sobrevivência do investidor. Devemos aprender a preservar o capital.

- **Consenso**
  - Fuja da opinião da maioria. Avalie você mesmo.
  - Muito cuidado com a euforia disseminada, e mantenha-se firme nos momentos de crise.
  - Muitas vezes, os melhores negócios ocorrem quando a maioria não quer. É na hora do pânico que temos as melhores oportunidades.
  - Jamais embarque nas especulações da moda.

- **Teimosia**
  - Não deu certo na primeira vez, esqueça. Parta para outro negócio.
  - Dedique seus esforços a aprender e melhorar seu desempenho.
  - Evite fazer preços médios descendentes, ou seja, comprar a mesma ação cada vez mais barata, na esperança de que os preços voltarão aos patamares anteriores. Faça justamente o contrário, busque ações em alta e, se for conveniente, faça preços médios ascendentes.

- **Planejamento**
  - Tenha cuidado com os investimentos de longo prazo. A aplicação por um longo período não necessariamente será rentável.
  - Avalie seus negócios com frequência.
  - Reaja aos fatos assim que eles apareçam.

Até aqui comentei sobre os "conselhos comportamentais" de Gunther. Listo a seguir, brevemente, os meus próprios comentários. Muitos deles são superpostos aos dele:

1. O controle das finanças pessoais é o primeiro passo para o indivíduo adentrar o mundo de investimentos.

2. A disciplina e o conhecimento são outros requisitos básicos e imprescindíveis.

3. Poupar parte do salário deve ser uma missão mensal, e nunca uma medida esporádica.

4. Siga seus objetivos de longo prazo e o seu perfil de investidor. Sempre. Não deixe que as turbulências de curto prazo do mercado financeiro destruam seus objetivos no longo prazo.

5. Tenha paciência, muita paciência. Os resultados marcantes são conseguidos apenas no longo prazo. Essa é a regra. Dizem que no mercado existe a natural transferência de recursos financeiros dos impacientes para os mais pacientes. Seja paciente!

6. É preciso controlar fortemente o medo e a ganância. Muitas vezes as melhores oportunidades surgem nos momentos de pânico do mercado. Em outras situações, a euforia do mercado pode cegar os investidores. Fique atento aos extremos e tenha controle sobre o "efeito manada".

7. Mesmo que você tenha uma inteligência acima da média, erros serão frequentes nas suas decisões. Assuma-os o mais rapidamente possível, e não insista em posições perdedoras.

8. Outro ponto fundamental: não crie raízes nos seus investimentos. Se oportunidades melhores aparecerem, não hesite em mudar. Por outro lado, evite mudanças frequentes. Analise com muita parcimônia os motivos do resultado ruim de um determinado ativo.

9. Os ativos de renda variável frequentemente apresentam oscilações bruscas de preço. Afinal, daí a razão do nome "renda variável"; faz parte desse tipo de mercado. Não se assuste com as variações e siga rigorosamente seus planos.

10. Após a montagem da carteira de investimentos, siga as diretrizes propostas e evite mudanças frequentes. O rebalanceamento anual da carteira, já discutido, é fundamental e obrigatório.

11. Para ganhar um pouco mais no mercado financeiro é preciso arriscar, mas evite extrapolar seus limites de tolerância ao risco.

12. Estude o mercado e reavalie seus ativos com frequência. Leia muito, mas nunca siga o imponderável. Cuidado com as dicas de terceiros. Lembre-se de que você deve ser o verdadeiro comandante da sua carteira de investimentos. Não delegue essa tarefa a terceiros. Nunca!

13. Bons analistas podem lhe auxiliar, porém, só isso. A decisão final é sua.

14. Tenha muita tranquilidade em tomar suas decisões. Evite decisões precipitadas e em momentos de estresse.

15. O ideal é fazer relatórios frequentes sobre suas decisões e metas e sobre o desempenho de cada ativo. Tudo por escrito. A memória pode ser falha, e sua mente pode ser "benevolente" com decisões equivocadas.
16. Disciplina. Disciplina. Disciplina.
17. Conhecimento. Tenha muita segurança nas suas decisões.

Para finalizar, um último lembrete: o controle emocional é primordial para o sucesso do investidor. Isso não é dica de autoajuda. Isso não é falácia. É a pura verdade. Muitos investidores perdem muito dinheiro por não controlar suas emoções. Faça diferente.

Assim, fica claro que o controle de nossas emoções é um fator primordial para o sucesso no mercado financeiro, especialmente no mercado de renda variável.

11
Aprendendo com os Erros

Passei a acompanhar o mercado financeiro há mais de 10 anos, mais precisamente no segundo semestre de 2007, no auge do otimismo da Bolsa de SP e quase no início da segunda maior crise financeira mundial — a crise de 1929 foi a maior de todas. No início, eram somente observações. Tudo parecia muito bom, exceto poucos relatos na mídia especializada de uma possível crise financeira no futuro. Assim, em fevereiro de 2008, comprei minhas primeiras ações através de fundos de investimentos — uma pequena quantia em dinheiro. Em menos de três meses, já tinha um lucro de mais de 40%. Espetacular!

Alertado por um colega de trabalho — não especialista no mercado — resolvi vender a metade do meu investimento, realizando os meus primeiros lucros. Algumas semanas depois, a Bolsa de SP começou a apresentar os primeiros sinais de fraqueza, em maio de 2008. Porém, resolvi esperar e deixei o restante do dinheiro aplicado. Em poucos meses, todo o meu lucro e grande parte do investimento inicial foram corroídos pela importante desvalorização da bolsa, mais de 50%, em outubro de 2008, no auge do pessimismo. Curiosidade: mantenho esse fundo de ações até os dias atuais, e apenas em 2017 a aplicação retornou ao patamar original: decididamente um péssimo investimento. Pense no custo de oportunidade perdido nessa década. Ainda bem que é um montante irrisório. Valeu a experiência!

Após o impacto da queda, em 2008, percebi que precisava acompanhar o mercado mais de perto, através da análise de fundamentos das empresas e da leitura de revistas e jornais especializados. A partir de novembro de 2008, vislumbrando uma recuperação da bolsa no médio prazo, passei a investir mensalmente todas as minhas economias no mercado de ações, especialmente naquelas empresas que eu "julgava" estarem mais baratas e com maior potencial de retorno. O ano de 2009 foi perfeito, com lucros exorbitantes, sem estresse e sem prejuízos. O IBOV subiu quase 90%.

Com o intuito de melhorar ainda mais meus conhecimentos, no final de 2009, passei a me dedicar também ao estudo da análise técnica. No começo de 2010, sentia-me "pronto e seguro" para o Mercado de Ações. Ledo engano. O ano de 2010 foi de correção lateral, ou seja, nem subia nem descia muito: o índice ficou de lado. Perdi muito dinheiro em virtude de operações em excesso e, quase sempre, mal executadas. Aprendi que apenas os melhores investidores ganham nesse tipo de mercado. O mercado de forte alta em 2009 foi o meu grande equívoco. Naquele ano, qualquer um poderia ganhar. Tudo subiu! O mérito não foi meu.

A partir de 2011, com muito estudo e dedicação, passei a ter bons resultados no Mercado de Ações. Com a virada do mercado em 2016 — saímos da tendência de baixa de longo prazo do IBOV — o meu desempenho ficou ainda melhor. O mercado em tendência de alta facilita a vida dos investidores. Quase todos ganham. Mas tome muito cuidado com a soberba e a ganância. Não exagere na dose.

Desse breve relato da minha vida no mercado financeiro, podemos tirar vários ensinamentos importantes. Infelizmente, demorei alguns anos para compreendê-los. Faça diferente e pule essa etapa; sim, é possível. Não insista nos meus erros. Acredito que eles são comuns para a maioria dos investidores iniciantes.

1. O mercado financeiro, especialmente a bolsa de valores, não é um cassino! Quase ninguém fica rico da noite para o dia. Com você, não será diferente. É preciso tempo.

2. Investir requer conhecimento e paciência. Lembre-se: a primeira missão é proteger seu capital. Não se preocupe em ganhar muito e rápido. Essa não é a regra. O mais importante é o crescimento contínuo do seu patrimônio no longo prazo, minimizando os riscos.

3. Qualquer pessoa pode realizar operações esporádicas com bons resultados no mercado de ações, porém poucos conseguem mantê-las de maneira eficiente no longo prazo. Num mercado direcional altista é muito fácil ganhar dinheiro na bolsa de valores, mas o mérito não é seu!

4. O investimento em ações é para o longo prazo. Monte uma carteira sólida e faça um acompanhamento periódico. Ajustes ocasionais são necessários. Não insista em ações perdedoras! Esse foi o meu maior erro: esperar o improvável e persistir no erro. O mercado castiga as empresas ineficientes. Não seja sócio delas!

5. Nunca invista todas as suas reservas financeiras numa única modalidade de investimento. Essa regra não deve ser quebrada, pois o risco é muito alto. Como já dito, os ativos têm seus ciclos. A melhor maneira de se prevenir é através da diversificação da carteira. Utilize todas as ferramentas disponíveis e aproveite a sinergia entre as modalidades de investimentos. Lembre-se também de que a realocação de carteira é fundamental!

6. Para o sucesso no Mercado de Ações, o primeiro passo é uma boa seleção de ativos com base nos fundamentos. As boas ações quase sempre têm ótimo desempenho no longo prazo. Decididamente, não seja sócio das empresas ruins.

7. As grandes empresas do Índice Bovespa são cíclicas. Mais uma vez: o rebalanceamento de carteira é fundamental. Realize parcialmente os lucros e reequilibre a carteira: não seja ganancioso em excesso!

8. Como é muito provável que no longo prazo a bolsa suba de maneira forte e sustentável — a história confirma essa premissa —, como já comentado, uma maneira fácil e segura é aplicar em fundos de índices, como o **BOVA11**. Você não corre o risco inerente ao investimento direto na empresa.

9. Conhecimento nunca é demais. É possível melhorar seu desempenho com dedicação e disciplina. O seu sucesso depende de boas informações e de seu empenho!

10. Evite operações em excesso no mercado de ações. Seja consciente: você não é um **trader**, nem um profissional do mercado, e sim um investidor de longo prazo. Mantenha-se firme no seu propósito inicial. Não siga a opinião da maioria. Siga os fundamentos e seus objetivos.

11. Por último, lembre-se do seu maior aliado: o juro composto. No longo prazo, pequenas economias bem aplicadas podem virar grandes reservas.

No capítulo de Conclusão, a seguir, apresento as regras fundamentais para se tornar um bom investidor. Eu as batizei de "10 mandamentos"!

Conclusão
Os 10 Mandamentos do Mundo dos Investimentos!

Chegamos ao fim do livro. Deixo como mensagem final os 10 mandamentos propostos por mim para o sucesso no mundo dos investimentos. Em geral, eles são praticados pelos melhores investidores que alcançaram a independência financeira.

- **Mandamento 1** — Apenas com o fruto do suor do nosso trabalho não teremos um futuro digno. É preciso aprender a poupar e, principalmente, saber investir corretamente. Quanto mais cedo, melhor!
- **Mandamento 2** — Para poupar precisamos controlar nossas finanças pessoais. Não há outra maneira, temos que ganhar mais do que gastamos. Evite gastos desnecessários. Nem sempre é uma tarefa fácil!
- **Mandamento 3** — Aumentar a renda e poupar não é um pecado, como muitos querem nos doutrinar. A maioria das coisas importantes na vida custa caro. Essa é a lei no capitalismo.
- **Mandamento 4** — Evite empréstimos, especialmente para coisas desnecessárias, como a troca frequente de um carro. Cheque especial? Nem pensar, pois no Brasil os juros são abusivos. O cartão de crédito deve ser usado com muita parcimônia. Nunca deixe de pagar a fatura completa. Pagar somente o mínimo da fatura é prejuízo na certa, pois os juros são maiores que os do cheque especial.
- **Mandamento 5** — Diversifique seus investimentos. Talvez não seja a melhor opção para você ficar rico, porém, sem dúvida é a melhor maneira de evitar que você fique pobre da noite para o dia.
- **Mandamento 6** — Procure manter parte de seu dinheiro em aplicações de renda fixa, garantindo a liquidez do investimento. Sugiro manter, no mínimo, a soma total de seis meses de suas despesas mensais. Imprevistos acontecem.

- **Mandamento 7** — Casa própria: além da enorme satisfação pessoal, fugir do aluguel é muito saudável. Poupe por algum tempo para juntar uma boa entrada do imóvel (mínimo de 30 a 50%), depois financie seu imóvel pelo Sistema Financeiro de Habitação. Atualmente, os juros são suportáveis — 9% ao ano. Assim, você trocará o gasto do aluguel pela parcela do seu próprio imóvel. Mas, lembre-se, evite imóveis fora de suas necessidades e, principalmente, fora de suas possibilidades financeiras. Controle os impulsos da família, seu e do cônjuge!
- **Mandamento 8** — Seguros e planos de saúde são inevitáveis. Infelizmente, não temos outro caminho. Nos dias atuais, o custo da medicina é muito caro. Não deixe de ter um plano de saúde, para você e sua família. Seguro de vida é muito importante quando somos jovens, pois na maioria das vezes os membros da família ainda dependem do nosso trabalho. Após certa idade, ele pode ser dispensável.
- **Mandamento 9** — Para uma aposentadoria tranquila, os investimentos de longo prazo são imprescindíveis. Deixe os fabulosos juros compostos trabalharem a seu favor. Desta forma, uma carteira de investimentos de longo prazo, obrigatoriamente, deverá conter alguns dos seguintes ativos:

- **Ações**
  - No horizonte de longo prazo, ações de boas empresas são ótimas opções de investimento.
  - Aplicar em Fundos de Ações também é uma opção. Cuidado com as onerosas taxas de administração. Busque bons gestores!
  - Outra excelente opção são os Fundos de Índices (ETFs) — **BOVA11**.
  - Uma carteira baseada em ações de empresas boas pagadoras de dividendos também é uma alternativa para aqueles que precisam de rendimentos periódicos. Geralmente são empresas maduras, sólidas e que, muitas vezes, pagam dividendos maiores que os rendimentos de aplicações em renda fixa.

- **Investimentos em renda fixa**
  - Os Fundos DI e o Tesouro Selic garantem a liquidez do dinheiro no curto prazo. Imprevistos acontecem!
  - As LCIs, as LCAs e os CDBs de banco médios oferecem um maior rendimento no médio prazo, porém, com restrição da liquidez. São modalidades interessantes para investimentos entre 1 e 3 anos.

- **Títulos do Tesouro Direto**
  - São obrigatórios numa carteira para investimentos de médio e longo prazo, principalmente os títulos atrelados ao IPCA — Tesouro Inflação.
  - O Tesouro Selic, já comentado, é uma excelente opção para garantir o curto prazo.

- ➤ Os Títulos Públicos apresentam baixo risco, pois são garantidos pelo governo federal, têm boa liquidez, bom rendimento e baixo custo.

- **Previdência Privada Complementar**
  - ➤ Apesar de não ser o investimento ideal, tem lá suas vantagens.
  - ➤ A disciplina adquirida com essa modalidade de investimento é fantástica.
  - ➤ Os benefícios fiscais no IR são satisfatórios.
  - ➤ Outro benefício importante é que o montante arrecadado não entra em inventários de espólio, o que evita pagamentos de impostos e gastos advocatícios.

- **Imóveis e Fundos de Investimentos imobiliários**
  - ➤ O investimento no mercado imobiliário pode ser uma ótima opção de investimento para o longo prazo.
  - ➤ Dê preferência para imóveis comerciais, terrenos e pequenos.
  - ➤ Evite concentrar seus imóveis numa mesma área.
  - ➤ É melhor ter vários inquilinos.
  - ➤ Muito cuidado com imóveis na planta. Ocasionalmente podem ser excelentes opções, porém, não caia no conto do vigário. Investigue todas as variáveis: infraestrutura do bairro (malha viária, transporte público, escolas, hospitais etc.) e perspectivas de médio e longo prazo para o local escolhido.
  - ➤ Os fundos imobiliários são excelentes opções de investimentos para os pequenos investidores. É a minha preferência no mercado imobiliário.

- **Mandamento 10** — A maior ambição de uma pessoa deve ser a plena felicidade em casa. Não deixe de aproveitar a vida, especialmente curtir sua família e seus amigos. Na vida, há espaço e tempo para todos os momentos. Entretanto, nunca se esqueça de que a nossa capacidade de trabalho declina a partir de certa idade. Pense no futuro o quanto antes.

Espero que eu possa ter contribuído na sua formação como investidor. Todos os conhecimentos básicos foram repassados, mas o seu sucesso e, principalmente, a sua evolução como investidor dependerão de você mesmo, do seu empenho e da sua dedicação. Não há outro caminho: conhecimento, dedicação e participação ativa do investidor. Sempre. É preciso sair da zona de conforto.

Bons investimentos!

Marcelo Montandon Jr

Glossário

Abertura de capital — Ato de uma Empresa Sociedade Anônima (S/A) ampliar seus negócios, através da captação de recursos financeiros de terceiros e com posterior negociação de parte das suas ações em bolsa de valores (do inglês **IPO**, *Initial Public Offering*).

Ação — Título privado correspondente à menor fração de uma empresa S/A.

Ajuste fiscal — Refere-se ao controle das contas públicas, reduzindo as despesas e aumentando a receita, no intuito de reduzir o déficit público.

Alocação de carteira (ou alocação de ativos) — Ato de compor uma carteira de investimentos com várias classes de ativos, e cada um com um peso distinto na distribuição da carteira.

Análise fundamentalista de ações — Estudo através dos fundamentos das empresas, publicados nos relatórios trimestrais obrigatórios, e também da análise da conjuntura macroeconômica e das perspectivas futuras da companhia.

Análise técnica de ações — Estudo das ações através do histórico das cotações de preços numa escala de tempo: estudo através de gráficos.

Ativo — Qualquer produto financeiro ou físico que pode gerar lucros no futuro. Exemplos: ações, imóveis, títulos públicos, ouro, entre outros.

Benchmark — É uma referência de desempenho de um determinado ativo. Exemplos: um Fundo DI tem como referência de retorno financeiro uma porcentagem da taxa CDI; para uma boa avaliação do desempenho de uma carteira de ações, a mesma deve ser comparada com o principal índice do mercado brasileiro, o Índice Bovespa (IBOV).

Bolsa de valores — Ambiente onde os ativos financeiros são negociados entre os participantes do mercado financeiro. No Brasil, a bolsa de valores é representada pela B3, que é uma empresa privada, listada em bolsa, e com fins lucrativos.

Carteira de investimentos — É um grupo de ativos pertencentes ao investidor no intuito de diversificar seus investimentos e reduzir os riscos inerentes a cada um.

Commodities — São matérias-primas. Podem ser agrícolas, metálicas e minerais (petróleo, por exemplo).

Corretora de valores — Empresas que intermedeiam as negociações de produtos financeiros entre os investidores e as entidades financeiras participantes do mercado.

Custódia — Ato de manter em guarda títulos de terceiros. Exemplo: a B3 é o agente custodiante das ações negociadas em bolsa no Brasil, isto é, elas pertencem aos investidores detentores dos direitos das mesmas, mas são guardadas na B3.

Déficit público — Resultado negativo entre as receitas e despesas do governo.

Diversificação — Ato de conter vários ativos em carteira com características distintas no intuito de reduzir os riscos.

Dividendo — É um tipo de distribuição de lucros das empresas para os acionistas e que no Brasil não incide no imposto de renda.

Empresa de capital aberto — Empresa privada que tem parte de suas ações negociadas em bolsa e que precisam seguir regras de governança corporativa predeterminadas pelos agentes regulatórios.

Fundo de Investimento — Com estrutura semelhante à composição de um condomínio residencial, o fundo é composto por vários investidores (cotistas) que aportam dinheiro para o fundo, e o mesmo é gerido por um profissional do mercado, seguindo regras preestabelecidas em contrato, com o objetivo de gerar lucros para os cotistas.

Governança corporativa — Poderia ser resumida como um conjunto de regras adotado por uma empresa, no intuito de administrá-la com mais eficiência e transparência, visando principalmente respeitar os direitos dos acionistas minoritários.

Índice Bovespa (IBOV) — É o principal índice de referência do mercado brasileiro de ações. É composto por cerca de 60 ações, sendo revisado a cada quatro meses pela B3.

IGPM (Índice Geral de Preços do Mercado) — É um importante índice de inflação determinado pela Fundação Getulio Vargas. Normalmente é usado para as correções de contrato de aluguel.

Índice Dow Jones (DJI) — É um dos principais índices de ações do mercado americano, composto pelas 30 maiores empresas.

Inflação — Ato de inflar. No mercado financeiro, refere-se ao aumento de preços dos produtos e serviços, por conseguinte, determinando a perda do poder aquisitivo do cidadão.

IPCA (Índice Nacional de Preços ao Consumidor Amplo) — É o principal índice inflacionário do mercado brasileiro, determinado pelo IBGE e usado como meta de inflação pelo Banco Central do Brasil. É utilizado também para a correção de alguns títulos de renda fixa.

Investidor — Pessoa que possui dinheiro disponível para aplicação e que investe num determinado negócio ou ativo financeiro no intuito de auferir lucros no futuro.

Juros compostos — Também chamados de juros sobre juros, ou seja, é um sistema de capitalização em que os juros futuros incidem sobre o montante aplicado, e também sobre os juros já acumulados. É o principal aliado do investidor de longo prazo. Além disso, é usado para o cálculo dos juros dos empréstimos bancários.

Juros simples — Sistema de capitalização em que os juros incidem somente sobre o valor aplicado ou devido num empréstimo. É pouco utilizado no mercado financeiro.

Juros sobre o Capital Próprio (JCP) — É um tipo de distribuição de lucros das empresas para os acionistas, mas que o imposto de renda é descontado na fonte, numa alíquota de 15%.

Liquidez — A liquidez de um ativo refere-se à facilidade de convertê-lo em dinheiro. Ativos com prazo de carência longo para resgate têm limitação na sua liquidez. Ativos com baixa demanda também apresentam liquidez reduzida. Por outro lado, as principais ações negociadas em bolsa de valores têm alta liquidez diária.

Mercado de Ações — Refere-se a um complexo sistema que envolve todas as partes envolvidas nas negociações de ações listadas em bolsa de valores.

Mercado financeiro — O conceito de mercado financeiro é muito amplo, mas, de uma maneira simplista, poderíamos resumi-lo em dois pontos básicos: de um lado temos uma pessoa, banco ou empresa que tem dinheiro sobrando para emprestar, e do outro, alguém que precisa de recursos financeiros para investir, sanar dívidas, aumentar negócios etc. Os bancos e as corretoras, de uma maneira geral, fazem a intermediação dos negócios. O governo tem papel na regulamentação do mercado, mas também participa ativamente, como na emissão dos títulos públicos.

Mercado primário — Refere-se ao primeiro momento da abertura de capital de uma empresa, em que ela vende parte de suas ações, recebe um montante em dinheiro por isso, e, daí para frente, as ações vendidas passam a ser negociadas no mercado secundário entre os investidores.

Mercado secundário — Refere-se à livre negociação dos ativos na bolsa de valores ou no mercado de balcão organizado (sistema de registro de títulos privados não negociados em bolsa).

Patrimônio Líquido — É o saldo final entre todos os ativos de uma empresa e suas dívidas. Resumidamente, seria o montante que os acionistas receberiam da empresa numa eventual liquidação da mesma.

Portfólio — Tem o mesmo significado que carteira de investimentos.

Produto financeiro — É um ativo financeiro que visa auferir lucros no futuro.

Proventos — Correspondem aos vários tipos de distribuição de lucros das empresas para seus acionistas: dividendos, JCP, bonificações, entre outros.

Rating — A classificação de risco poderia ser definida como o grau de confiança do mercado financeiro numa determinada empresa ou país, baseado nos históricos de pagamentos e nos balanços financeiros. As principais agências de *Rating* do mundo são estrangeiras: Standard & Poor's, Fitch e Moody's.

Renda Fixa — Refere-se a uma classe de ativos em que o rendimento é previamente conhecido no momento da aplicação e com rentabilidade fixa. Exemplos: caderneta de poupança, títulos do Tesouro Direto etc.

Renda Variável — Refere-se a uma classe de ativos em que o rendimento não pode ser dimensionado no momento da aquisição. Exemplos: ações, imóveis etc.

Rendimento — Refere-se ao valor que será acrescido ao montante aplicado no momento do resgate do investimento.

Rendimento Líquido — Refere-se ao valor que será acrescido ao montante aplicado no momento do resgate do investimento, descontados os impostos e as taxas envolvidas no processo.

Rentabilidade — Semelhante ao rendimento, mas usualmente medida em porcentagem e muitas vezes atrelada a indicadores econômicos.

Rentabilidade esperada e observada — A rentabilidade esperada é aquela que esperamos no futuro, mas não há garantia de retorno, sendo apenas uma previsão, enquanto a rentabilidade observada é referente ao rendimento que aconteceu no passado. Sempre é bom lembrar que nem tudo que ocorreu no passado acontecerá no futuro.

Retorno financeiro — Tem o mesmo significado que rendimento.

Risco — A princípio está relacionado à possibilidade de alguma perda do capital investido. O risco de crédito refere-se à possibilidade de não receber de volta o capital investido e nem os juros acordados. Existem os outros tipos de risco, como o risco de liquidez, que é a dificuldade de transformar o ativo em dinheiro.

Spread — É a diferença entre o preço de compra e o preço de venda de um ativo num determinado momento. Usualmente, ativos com baixa liquidez têm um *spread* maior entre a oferta e a demanda. Existe ainda o chamado "*spread* bancário", que é a diferença entre a taxa de juros de captação de recursos dos bancos (por exemplo, a Taxa Selic) e dos juros cobrados ao consumidor, que no Brasil, em geral, são abusivos ("alto *spread* bancário").

S&P500 — É o principal índice acionário do mercado americano e, por conseguinte, o principal índice do mundo. O S&P é composto pelas 500 maiores empresas listadas no mercado americano.

Selic — Veja taxa Selic.

Sistema de "come-cotas" — Refere-se ao imposto de renda pago antecipadamente por alguns fundos de investimento, a cada seis meses, mesmo se não houver o resgate por parte do investidor. Nos demais investimentos, usualmente o imposto de renda incide apenas no momento do resgate ou da realização de lucros.

Sociedade anônima (S/A) — É um modelo de companhia com fins lucrativos, caracterizado por ter o capital financeiro dividido em ações. Os donos das ações são chamados de acionistas.

Taxa de administração — Taxa cobrada pelos bancos, corretoras e fundos de investimentos para o "gerenciamento" das mais variadas classes de ativos. Usualmente, é anual e expressa em porcentagem, e incide sobre todo o montante do dinheiro aplicado.

Taxa de performance — É uma taxa de desempenho. Tem o intuito de oferecer ao gestor de um determinado ativo uma remuneração extra, caso o desempenho do ativo em questão supere uma meta predeterminada.

Taxa CDI — É uma importante taxa de juros no mercado financeiro brasileiro e que é derivada da Taxa Selic e negociada entre os bancos (depósitos interbancários). Usualmente, ela é pouco menor do que a Taxa Selic vigente.

Taxa Referencial (TR) — Taxa criada e calculada pelo governo federal na década de 1990, pós-fixada, utilizada para os rendimentos da caderneta de poupança e para o reajuste de financiamentos imobiliários.

Taxa Selic — É a taxa básica de juros do Brasil, anual, determinada pelo Banco Central a cada seis semanas, e que é a grande referência para as demais taxas de juros no país.

Tesouro Direto — Programa do Tesouro Nacional que permite ao investidor brasileiro a compra direta dos Títulos Públicos.

Tesouro Nacional — Órgão do governo responsável pelo recebimento da arrecadação de tributos e impostos federais, e também dos pagamentos das despesas públicas.

Título nominativo — Título público ou privado registrado em nome de uma determinada pessoa ou empresa, mas que pode ser livremente negociado a terceiros.

Título pré-fixado — Título público ou privado em que o rendimento é conhecido no ato da compra, por exemplo, o retorno financeiro será de 12% ao ano.

Título pós-fixado — Título público ou privado em que o rendimento é vinculado a um índice de referência, por exemplo, um título indexado à Taxa Selic.

Título Público — São títulos emitidos pelo governo federal, estadual ou municipal no intuito de captar recursos junto aos investidores. Exemplo: os títulos do Tesouro Direto, que são títulos públicos federais.

Trade-off — Qualquer investimento é baseado no tripé: retorno, risco e liquidez. Assim, ao investir, buscamos o retorno financeiro (rendimento), mas devemos estar cientes do risco inerente ao investimento e também da sua liquidez. O investimento ideal seria aquele com alta rentabilidade, baixo risco e ótima liquidez. Todavia, são características mutuamente excludentes a partir de certo ponto; para conseguirmos um pouco mais de uma, temos que abrir mão de outra. Daí surge o conceito de **Trade-off**, que é a relação de compensação entre esses três fatores, ou seja, ganha-se num quesito, e perde-se em outro.

Trader **(operador)** — Pessoa que negocia ativos em curtos períodos de tempo (curtíssimo e curto prazos) com o objetivo de auferir lucros.

Volatilidade — Representa o grau de oscilação do preço de um ativo numa determinada escala de tempo, usualmente expressa em porcentagem. Em geral, ativos de renda variável são mais voláteis que os de renda fixa.

BIBLIOGRAFIA

↬ Livros

BARTUNEK, Florian e col. **Fora da curva.** 1. ed. São Paulo, SP: Portfolio-Penguin, 2016.

BISI, Thiago; FEIJÓ, Adriana. **Fundamentos do mercado de ações.** 1. ed. Porto Alegre: Editora Leandro & Stormer, 2009.

ELDER, Alexander. **Aprenda a operar no mercado de ações.** 6. ed. Rio de Janeiro: Campus/Elsevier, 2006.

_____. **Aprenda a vender e operar vendido.** Rio de Janeiro: Campus/Elsevier, 2009.

FERREIRA, Aurélio Buarque de Holanda. **Novo dicionário Aurélio da língua portuguesa.** 3. ed. Curitiba: Editora Positivo, 2004.

FORTUNA, Eduardo. **Mercado Financeiro.** 19. ed. Rio de Janeiro: Qualitymark Editora, 2013.

GRAHAM, Benjamin; ZWEIG, Jason. **O investidor inteligente.** Rio de Janeiro: Nova Fronteira, 2007.

GUNTHER, Max. **Os axiomas de Zurique.** 23. ed. Rio de Janeiro: Editora Record, 2009.

HALFELD, Mauro. **Investimentos:** como administrar seu dinheiro. São Paulo: Editora Fundamento Educacional, 2007.

_____. **Patrimônio** — Para você ganhar mais e viver melhor. São Paulo: Editora Globo, 2009.

_____. **Seu imóvel** — Como comprar bem. São Paulo: Editora Fundamento Educacional, 2008.

KOBORI, José. **Análise Fundamentalista.** 1. ed. Rio de Janeiro: Elsevier, 2011.

LUEDERS, Anderson. **Investindo em Small Caps:** um roteiro completo para se tornar um investidor de sucesso. 3. ed. Rio de Janeiro: Campus/Elsevier, 2008.

MARTINS, Leandro. **Aprenda a investir.** 2. ed. São Paulo: Editora Atlas, 2010.

MONTANDON JÚNIOR, Marcelo. **Investir Cada Vez Melhor.** 1. ed. Goiânia: Ed. do autor, 2013.

_____. **Não Seja o Pato da Bolsa de Valores.** 1. ed. Goiânia: Ed. do autor, 2016. (disponível em formato digital na Amazon)

_____. **O investidor e o Leão** — Imposto de renda sobre as aplicações financeiras. 1. ed. Goiânia: Ed. do autor, 2015.

PIAZZA, Marcelo C. **Bem-vindo a bolsa de valores.** 7. ed. São Paulo: Editora Novo Conceito, 2008.

TOWN, Phil. **Regra número 1**. 1. ed. Rio de Janeiro: Editora Best Seller, 2007.

Sites

AMBIMA: **Associação Brasileira das Entidades dos Mercados Financeiro e de Capitais.** Disponível em: www.ambima.com.br. Acesso em: abr. 2018.

BACEN: **Banco Central do Brasil**. Disponível em: www.bcb.gov.br. Acesso em: abr. 2018.

B3: **Brasil Bolsa Balcão.** Disponível em: www.b3.com.br. Acesso em: abr. 2018.

CVM: **Comissão de Valores Mobiliários**. Disponível em: www.cvm.gov.br. Acesso em: abr. 2018.

Dow Jones. Disponível em: www.dowjones.com (em inglês). Acesso em: abr. 2018.

Eleven Financial Research. Disponível em: www.elevenfinancial.com. Acesso em: ago. 2018.

Empiricus. Disponível em: www.empiricus.com.br. Acesso em: ago. 2018.

Fundamentus. Disponível em: www.fundamentus.com.br. Acesso em: abr./set. 2018.

FGC: **Fundo Garantidor de Créditos**. Disponível em: www.fgc.org.br. Acesso em: abr. 2018.

Fundos de Investimento Imobiliário. Disponível em: http://www.bmfbovespa.com.br/pt_br/produtos/listados-a-vista-e-derivativos/renda-variavel/fundos-de-investimento-imobiliario-fii.htm. Acesso em: abr. 2018.

Inversa Publicações. Disponível em: https://inversapub.com/. Acesso em: ago. 2018.

Itaú Corretora. Disponível em: www.itaucorretora.com.br. Acesso em: set. 2016.

PROFITCHART RT. Disponível em: www.nelogica.com.br. Acesso em: abr./set. 2018.

Portal G1. **Mais de um terço dos aposentados continua trabalhando, diz pesquisa.** Disponível em: http://g1.globo.com/economia/seu-dinheiro/noticia/2016/09/mais-de-um-terco-dos-aposentados-continua-trabalhando-diz-pesquisa.html. Acesso em: abr. 2018.

Receita Federal. Disponível em: http://idg.receita.fazenda.gov.br/. Acesso em: abr. 2018.

Suno Research. Disponível em: www.sunoresearch.com.br. Acesso em: ago. 2018.

Tesouro direto. Disponível em: www.tesouro.fazenda.gov.br/tesouro-direto. Acesso em: set. 2016/set. 2018.

XP Investimentos. Disponível em: www.xpi.com.br. Acesso em: set. 2016/set. 2018.

ÍNDICE

A

Abertura de capital, 161
Ação, 94, 161
    Ações, 3, 5
    Ações ordinárias, 96
    Ações preferenciais, 96
Alocação de carteira, 161
Análise fundamentalista de ações, 161
Aposentadoria, 65
Ativo, 161
    Ativos, 5

B

B3, 13
Baixo risco, 7
Benchmark, 8, 98, 161
Blue Chips, 100
Bolsa de Valores, 9, 38, 89, 161
    BM&FBOVESPA, 13
    Bolsa de Nova Iorque, 92
    Bolsa de São Paulo, 94
    Bovespa, 125
Bonificação, 96
Buy and Hold (estratégia), 101

C

Caderneta de Poupança, 17
Carteira de investimentos, 6, 89, 139, 161
Casa independente de análise, 119
CDB, 7
    CDBs, 8, 12, 17, 19
CDIs, 13
Certificados de Créditos Imobiliários, 13
Certificados de Recebíveis Imobiliários, 70
CETIP, 13
COEs, 17, 34
Commodities, 99, 105, 161
Composto, 81
Conceitos financeiros, 3
Contribuição, 80
Controle emocional, 147
Corretora, 125
Corretora de valores, 161
CPMF, 83
Curto prazo, 8, 90
Custódia, 162

D

Debêntures, 3, 5, 31
    Debêntures incentivadas, 32
Déficit público, 162
Depósitos Interfinanceiros, 13
DI Futuro, 53
Dinâmica da precificação, 44
Disciplina, 6
Diversificação, 9, 162
Dividendo, 162
Dividend Yield, 110
Dólar, 3, 133
    Dólar americano, 133

E

EBITDA, 108
Empresa de capital aberto, 162
Enterprise Value, 108
Especuladores, 100
ETF, 123
    ETFs, 98
Ex-dividendos, 96

F

FGC, 22, 79
Fundo
    de incorporação, 71
    de Investimentos, 3, 22, 84, 162
    de Investimentos Imobiliários (FIIs), 70
    Fundos coletivos, 82
    Fundos de Ações, 158

Fundos de fundos, 71, 72
Fundos de papéis, 70, 72
Fundos de pensão, 82
Fundos de renda, 72
Fundos DI, 17, 158
Fundos imobiliários, 12, 69
Fundos Referenciados em DI, 8
Garantidor de Créditos, 14

G

Governança corporativa, 162

H

Home Broker, 119

I

IBOV, 8, 162
IFIX, 73
IGPM, 71, 162
Imposto
    de renda, 72, 81, 130
Independência financeira, 4, 16
Índice
    Bovespa, 8, 94, 162
    Dow Jones, 92
Inflação, 12, 54, 162
    Inflação implícita, 50
INSS, 15
Investidores, 100
IOF, 25
IPCA, 71, 162
IR, 83
    IRRF, 26, 83

J

Juros
- Juros compostos, 11, 84, 162
- Juros simples, 163

L

LCA, 27
- LCAs, 17

LCIs, 17, 27

Letras
- Letras de Câmbio, 13
- Letras de Crédito Imobiliário, 70
- Letras Hipotecárias, 13

LFT, 44

Liquidez, 7, 52, 98, 163

Longo prazo, 8, 89, 90, 92

LTN, 45

M

Manipuladores, 100, 101

Marcação a mercado, 52, 65

Margem de lucro, 104, 109

Market-share, 103

Médio prazo, 8

Mercado
- Mercado de Ações, 7, 89, 130, 163
- Mercado Financeiro, 3, 5, 163
- Mercado Imobiliário, 69

Microcaps, 100

Middle Caps, 100

Moderado, 81

N

Novo Mercado, 97

O

Ouro, 3, 133

P

Passivos, 5

Patrimônio Líquido, 107, 163

Payout, 110

PGBL, 81, 84

Planejamento financeiro, 17

Plano
- Plano Gerador de Benefício Livre, 81
- Planos de PPC, 81

Players, 100

Portfólio, 163

Poupança, 3, 7, 18, 90

PPC, 79, 80, 84, 88

Preço
- Preço de disparo, 128
- Preço limite, 128

Previdência Privada Complementar, 3, 79

Produto financeiro, 163

Proventos, 95, 163

R

Rating, 31, 163

Recebimento dos benefícios, 80

Renda
- Renda Fixa, 3, 7, 9, 90, 140, 164
- Renda Variável, 7, 9, 140, 164

Rendimento, 8, 82, 164
- Rendimento Líquido, 164

Rentabilidade, 7, 164
- Rentabilidade absoluta, 8
- Rentabilidade esperada, 8, 82
- Rentabilidade observada, 8, 82
- Rentabilidade relativa, 8

Retorno financeiro, 164

Rigor fiscal, 54

Risco, 164
- Risco de crédito, 9
- Risco de liquidez, 9
- Risco de mercado, 9
- Risco do negócio, 9
- Risco sistemático, 9
- Risco soberano, 37

ROE, 108

ROIC, 108

S

Selic, 8, 12, 164

Sistema de "come-cotas", 26

Small Caps, 100

Soberano, 81

Sociedade anônima (S/A), 165

S&P500, 133

Spread, 98, 164

Stop loss, 127
- Stop duplo, 128
- Stop móvel, 128

Suitability, 10

SUSEP, 79

T

Taxa
- Taxa CDI, 165
- Taxa de administração, 39, 40, 82, 98, 165
- Taxa de custódia, 40
- Taxa de juros futuros, 53
- Taxa de performance, 165
- Taxa de saída, 83
- Taxa Selic, 12, 13, 52, 165
  - Taxa Selic Efetiva, 48
- Taxa zero, 40

Tesouro
- Tesouro Direto, 3, 7, 37, 165
- Tesouro Inflação, 48
- Tesouro IPCA, 44, 49
- Tesouro Nacional, 40, 165
- Tesouro Prefixado, 41
- Tesouro Selic, 17, 158

Tickers, 97

Título
- Título pós-fixado, 165
- Título pré-fixado, 165
- Título Público, 165
- títulos pré-fixados, 19
- Títulos públicos, 5, 48
- Títulos Públicos Pós-fixados, 12

Trade
    Trade-off, 7, 165
Trader, 101, 166

U

UNITS, 97

V

Valor de mercado, 108

VGBL, 81, 84, 88

Vida Gerador de Benefício Livre, 81

Volatilidade, 166

CONHEÇA OUTROS LIVROS DA ALTA BOOKS

Negócios - Nacionais - Comunicação - Guias de Viagem - Interesse Geral - Informática - Idiomas

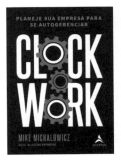

Todas as imagens são meramente ilustrativas.

SEJA AUTOR DA ALTA BOOKS!

Envie a sua proposta para: autoria@altabooks.com.br

Visite também nosso site e nossas redes sociais para conhecer lançamentos e futuras publicações!

www.altabooks.com.br

/altabooks ▪ /altabooks ▪ /alta_books

ALTA BOOKS
EDITORA

Este livro foi impresso nas oficinas gráficas da Editora Vozes Ltda.,
Rua Frei Luís, 100 – Petrópolis, RJ.